RÉNOVATION

ADMINISTRATIVE & COMMERCIALE

DE LA FRANCE

PAR

DE LA SERRE

NANTES

LIBAROS, Libraire-Editeur

CARREFOUR CASSERIE, 3

1871

NANTES, IMPRIMERIE JULES GRINSARD, SUC. DE M. H. CHARPENTIER

PRÉLUDE

Chaque jour, pendant que la foule des Français s'empresse à ses affaires ou à ses plaisirs, on décrète quelque part, en haut lieu, des mesures auxquelles cette foule accorde à peine une attention distraite, sans songer qu'à l'heure même on engage son avenir et ses intérêts.

La gravité des questions actuellement débattues dans les sphères gouvernementales me détermine à réagir contre cette fâcheuse indifférence des esprits. S'il s'agissait de choses difficiles et ardues en matière de législation, par exemple, de politique, ou d'une thèse philosophique sur les destinées, les droits et les devoirs de chacun, un tel effort serait peut-être infructueux. Mais l'affaire dont je me préoccupe, a pour *l'universalité* des lecteurs, une importance exceptionnelle : hommes d'étude, de négoce ou de plaisir, tous sont intéressés à ce qu'une bonne solution intervienne; car c'est la richesse publique, le bien-être général qu'on discute à l'heure présente, en un mot, l'une des faces les plus saisissantes du problème économique.

Le bien-être matériel du simple particulier réclame toujours, pour se développer, des conditions favorables au bien-être général; par conséquent, chacun est intéressé à l'inauguration du système administratif le mieux en harmonie avec les besoins économiques du pays.

Je vous prie donc, lecteur, de me suivre sur le terrain économique; ne vous effrayez pas trop des rochers amoncelés et des ronces inextricables dont votre imagination le couvre et le hérisse. Je sais très-bien que je serai impuissant à le parer pour vous comme je voudrais pouvoir le faire.

Toutefois, j'ai la confiance que vous trouverez dans mon travail des raisons solides et du bon sens.

Les hommes politiques de la fin du siècle dernier, redoutant pour les institutions qu'ils voulaient fonder le réveil de l'ancien esprit particulier à chaque province, remanièrent la carte du pays : la province disparut, le département fut créé. Désormais, à la place des anciennes divisions et de leurs métropoles, il n'y eut plus qu'un vaste territoire, apanage immense d'une seule ville devenue suzeraine ; et du nord au midi des Gaules, comme autrefois dans le monde romain, une seule cité émergea d'un pays nivelé. Paris moderne, centre absorbant, renouvela l'ancienne Rome. Et, à partir de cette heure, tout convergea vers la capitale, tout s'y entassa, tout lui fut sacrifié. Bientôt la France connut ce mal étrange, qui l'épuise depuis près d'un siècle : la centralisation..... c'est-à-dire, d'une part, la pléthore d'une ville boursoufflée, enivrée, et, d'autre part, l'anémie qui en résulte pour la nation.

Certes, je n'entends faire ici de procès à personne ; les hommes qui provoquèrent la centralisation en substituant le département à la province, au lieu de modifier celle-ci d'une manière rationnelle, ne prévoyaient pas le dommage qui en résulterait ; ils ne se préoccupèrent que d'unifier le pays au point de vue politique.

Mais nous qui avons sous les yeux les fruits

de leur œuvre; nous qui appartenons à une France vieillie de quatre-vingts ans, dont l'unification est un fait accompli, nous ne pouvons pas laisser subsister les causes d'affaiblissement qui nous appauvrissent. Et puisque nos législateurs ouvrent une enquête solennelle sur la question de *décentralisation*, répondons leur par un exposé impartial de la situation.

Nous avons à supporter :

Les frais d'une guerre désastreuse ;

Une indemnité écrasante ;

Et en outre :

Des ruines à relever ;

Et un avenir à fonder.

Ce n'est donc pas trop du concours de toutes les intelligences pour rechercher le système administratif le plus favorable à la prompte liquidation de nos charges, et en même temps aux *intérêts généraux* qu'il faut plus que jamais préserver.

Voyons, par une étude consciencieuse, quel est ce système qui doit rendre productives nos moindres richesses naturelles, et faire oublier les pertes subies.

RENOVATION

ADMINISTRATIVE ET COMMERCIALE

DE LA FRANCE

L'ORGANISATION ADMINISTRATIVE

MISE EN HARMONIE

AVEC LES LOIS DU TRAVAIL ET DE L'ÉCHANGE

I

CONSIDÉRATIONS GÉNÉRALES. — DE LA PRODUCTION. — DE LA COMMUNE ET DU CANTON.

Considérations générales.

La nature a imposé à l'homme la grande loi du travail; l'organisation de toute société humaine a précisément pour but l'exécution de cette loi primordiale. C'est le droit de la société d'exiger que chacun de ses membres travaille; mais c'est son devoir de les protéger tous également dans l'accomplissement de leur tâche, de s'efforcer de faire que tous retirent le même fruit d'une même somme utile d'un travail identique. La société commettrait une injustice si elle créait, sans nécessité absolue, ou maintenait, pouvant le faire cesser, un état de choses avantageux pour les uns, désavantageux pour les autres.

Jamais, à aucune époque de son histoire, un peuple n'éprouva aussi impérieusement que le peuple français, à l'époque actuelle, le besoin de réparer par le travail tant de ruines accumulées. Il importe donc au plus haut point de rechercher s'il n'y aurait pas lieu d'apporter quelques modifications à nos institutions administratives, pour que, dans l'œuvre de la reconstruction nationale, tout effort qui sera fait produise tout son effet.

L'Agriculture.

Il est une classe de travailleurs sur laquelle l'attention se porte tout d'abord; c'est la plus intéressante par le nombre et aussi par la grandeur de l'œuvre qu'elle accomplit : c'est celle des agriculteurs. Puisque tout sort du sein de la terre, l'industrie agricole n'est pas seulement la première des industries, elle est la mère de toutes les autres. C'est ce que nul ne contestera. Mais on paraît généralement croire que l'industrie agricole, exclusivement placée sous l'influence souveraine des éléments, est tout à fait indépendante des institutions administratives. Il semblerait que celles-ci n'intéressent que les populations renfermées dans l'intérieur des villes.

Il est cependant évident que les villes n'ont aucune raison d'être par elles-mêmes; que chacune d'elles n'est que le magasin général, l'entrepôt de la contrée environnante; qu'en les isolant, en les considérant en elles-mêmes, on risque fort de ne pas même soupçonner leur rôle essentiel, et de commettre, en établissant des institutions qui ne seront pas en harmonie avec la nature même des choses, la plus grande faute possible, celle de faire manquer le but même qu'il s'agit d'atteindre.

Les institutions humaines doivent se rattacher à des principes.

Pour être fécondes, les institutions humaines doivent se rattacher à des principes vrais et solides. Il n'est pas inutile d'observer à ce sujet, que le vrai absolu est immuable de sa nature. La plus grande erreur dans laquelle l'homme puisse tomber serait de croire qu'il a reçu le pouvoir de créer, ou seulement la mission de changer, de modifier ce qui est éternel et immuable. Entièrement soumis aux forces naturelles, l'homme doit se borner au rôle modeste d'observateur : rechercher les lois qui régissent ces forces, telle doit être sa constante étude ; les connaître, voilà la vraie science ; y conformer sa conduite, voilà la sagesse. Celui qui pourrait connaître toutes ces lois et se régler complètement sur elles aurait atteint le degré idéal de la perfection humaine : en approcher le plus possible, tel doit être le but de nos incessants efforts.

Très-souvent, l'homme qui s'imagine créer ne fait que détruire. Le progrès ne consiste pas à inventer ce qui n'est pas, mais seulement à découvrir ce qui est, à mieux connaître ce qui n'est qu'imparfaitement connu. Le progrès serait même impossible si la vérité absolue n'était pas éternelle, immuable, si l'objet que nous poursuivons se déplaçait à chaque instant.

La tâche du législateur consiste donc à pénétrer les lois invariables qui règlent le mécanisme éternel du monde matériel et moral, et à s'efforcer ensuite de mettre les institutions en harmonie avec elles. Que dans ses recherches, dans ses méditations, il prenne toujours la nature pour guide : s'il n'y apporte d'autre passion que l'amour du vrai, il se gardera de l'arbitraire ; ses efforts ne seront pas stériles, et il en sera récompensé par la conscience d'avoir contribué au bien général. En s'inspirant de cet esprit, il pourra doter la société d'une *organisation rationnelle*, à l'aide de laquelle elle pourra s'acquitter du devoir sacré qui lui incombe, d'assurer aux travailleurs une protection efficace, et aussi égale pour tous que possible.

De la production. Le travailleur des champs.

Il y a deux choses à considérer dans le travail : le travail en lui-même et l'utilisation de ses fruits, la *production* et l'*échange*. Il convient d'abord de s'occuper de la production.

Le travailleur des champs, le travailleur par excellence, sans contredit, accomplit une tâche beaucoup plus rude que ne paraissent le croire les habitants des villes : ce n'est qu'arrosée d'abondantes sueurs que la terre livre les trésors de sa fécondité. La vie de l'agriculteur n'est qu'une lutte perpétuelle contre les éléments. Sans doute il perdrait courage et se rebuterait si la nature n'avait placé dans son cœur un stimulant puissant, foyer toujours actif d'une énergie sans cesse renaissante, *l'instinct de la propriété*.

Hameaux et villages.

Mais l'énergie des hommes serait impuissante, s'ils restaient isolés les uns des autres. Ils ont donc senti le besoin de se grouper, afin d'unir leurs efforts, et ainsi se sont formés les *hameaux* et les *villages*.

Intérêt privé. Intérêt collectif.

Du principe de la propriété découle l'*intérêt privé* ; de l'agglomération d'un certain nombre d'hommes sur le même point résulte l'*intérêt collectif*. Chaque particulier doit rester absolument maître de régler souverainement ce qui ne concerne que lui personnellement, et c'est précisément en cela que consiste la *liberté*. Mais les contacts incessants peuvent faire éclater à chaque instant des conflits entre des intérêts rivaux : il faut donc qu'une autorité médiatrice s'interpose, prévienne ou règle les différends, déconcerte la violence, protége l'homme laborieux contre le fainéant qui voudrait le dépouiller, assure à chaque travailleur la sécurité dont il a besoin.

C'est aussi à cette autorité que doit incomber la tâche de gérer l'intérêt collectif, et de le défendre contre les empiètements de l'intérêt privé.

Il faut que la vigilance de cette autorité puisse s'étendre aux plus petits détails, et, pour ainsi dire, à chaque sillon de la plaine, à chaque arbre de la forêt, à chaque pierre du chemin. Une surveillance de cette nature ne saurait s'exercer efficacement que sur un petit nombre de groupes de population : encore faut-il que ces groupes soient unis entre eux par les liens d'un même intérêt collectif, d'un intérêt commun d'exploitation agricole. Grâce à l'institution de

Communes, Maires.

la *commune* et du *magistrat municipal* placé à sa tête, le problème se trouve résolu.

Les attributions du *maire* sont d'une double nature. Protecteur des intérêts privés, médiateur entre les particuliers, son autorité participe en quelque sorte du *pouvoir judiciaire*. Préposé à la gestion de l'intérêt collectif communal, il est revêtu du *pouvoir administratif*. Dans la seconde partie de sa tâche, on a reconnu la nécessité de le faire assister et contrôler par un *corps municipal* élu. Quant à son autorité comme juge ou arbitre, il est évident qu'elle serait dans bien des cas impuissante ou insuffisante. Il peut arriver qu'elle soit méconnue ou récusée par les parties ; que la gravité de certaines affaires nécessite l'intervention d'une juridiction supérieure. L'homme de loi qui en sera revêtu n'aura pas à exercer par lui-même une surveillance directe ; aussi sa juridiction pourra embrasser plusieurs communes, dont le nombre devra être déterminé de telle sorte que son intervention puisse se produire en temps opportun, chaque fois qu'il en sera besoin. C'est évidemment sous l'empire de ces considérations qu'ont été instituées les circonscriptions de justice de paix appelées *cantons*.

Conseils municipaux. — Cantons.

Juges de Paix. — Rien ne peint mieux la nature des attributions des *juges de paix* que le titre même qu'ils portent. Ils doivent être pour les populations des conseillers, des amis, des pères ; étouffer par la conciliation les germes de discorde, prononcer le moins de jugements possible : les jugements tranchent les différends, mais ils élèvent entre les adversaires des barrières de haines et de colères désormais infranchissables. Ces magistrats doivent présenter le rameau de paix beaucoup plus souvent que frapper du glaive de la loi, inspirer le respect de celle-ci bien plus par l'amour que par la crainte.

Rien n'est, sans doute, plus beau, plus saint, plus utile qu'une semblable mission; rien aussi ne serait plus funeste que toute innovation tendant à altérer la nature ou modifier le caractère des attributions des magistrats cantonnaux.

Le canton n'est et ne doit être qu'une division judiciaire.

Les juges de paix ne sont pas, comme les maires, revêtus du pouvoir administratif : c'est qu'aussi le canton n'est qu'une *division purement judiciaire,* et ne doit être que cela : il n'est l'expression d'aucun intérêt collectif particulier. L'intérêt collectif local ou municipal ne franchit pas les limites de la commune; quant aux intérêts collectifs d'ordre supérieur, dont il sera parlé ci-après, ils ont donné naissance à des divisions naturelles dont l'étendue est tout-à-fait hors de proportion avec celle des cantons. Beaucoup de chefs-lieux de canton ne sont que de modestes bourgades auxquelles ne se rattache évidemment aucun intérêt collectif supérieur à l'intérêt collectif purement municipal. Quelques autres, il est vrai, sont de gros bourgs ou de petites villes dont il ne faut pas méconnaître le rôle dans le mécanisme commercial. Ils doivent leur importance soit à leur éloignement du centre commercial de la contrée, dont ils sont comme des annexes, et qu'ils suppléent pour les besoins journaliers du petit consommateur, soit à la richesse du terroir environnant ou à toute autre circonstance locale. Mais quelle que soit l'importance d'une ville, le canton dont elle est le chef-lieu ne constitue jamais qu'une faible partie d'une région commerciale. Cette ville peut être le centre commercial lui-même, mais alors sa sphère d'action s'étend bien au-delà des limites de son propre canton.

L'institution d'un administrateur et d'un conseil cantonnaux serait donc un non sens.

Les juges de paix ne sont pas les seuls fonctionnaires résidant dans les chefs-lieux de canton. Mais ces divers fonctionnaires ne sont pas chargés de l'administration d'un intérêt collectif particulier quelconque; ce sont des agents du pouvoir central préposés à la gestion des intérêts de l'Etat, des communes et des particuliers.

Du reste, les circonscriptions qui leur sont assignées, loin de coïncider toujours avec les cantons, tantôt en comprennent plusieurs, tantôt, au contraire, n'en sont que des parties. Les contrôleurs des contributions directes, les receveurs des domaines, ceux des contributions indirectes sont dans le premier cas; les percepteurs, les receveurs ou distributeurs des postes dans le second. Il y a toujours plusieurs notaires par canton, et tous ne résident pas au chef-lieu. On voit donc tout ce qu'il y a d'artificiel dans les circonscriptions cantonnales. Ce sont, en quelque sorte, des divisions d'ordre, dont on pourrait augmenter ou diminuer arbitrairement le nombre sans léser en rien aucun intérêt collectif.

Résumé. En résumé, pour que le cultivateur pût vaquer en paix à l'accomplissement de sa tâche, le législateur avait deux intérêts à sauvegarder : l'*intérêt privé* et l'*intérêt collectif local*. Il a pourvu à la gestion de ce dernier par l'institution des *communes*, des *maires* et des *municipalités*. Il a aussi confié aux maires la protection de l'intérêt privé ; mais prévoyant que, dans des cas nombreux, l'autorité de ces magistrats serait insuffisante, il a créé les *cantons* et les *juges de paix*. Divers agents de la force publique secondent les maires et les juges de paix, et assurent l'exécution de leurs arrêts.

La division par commune est basée sur un principe naturel, invariable, inébranlable ; elle est donc bonne et doit être maintenue telle qu'elle est. Si cependant l'*unité d'intérêt collectif* n'a pas toujours été observée dans les délimitations, si on a violemment réuni ce qui doit être séparé, ou séparé ce qui doit être réuni, nul doute qu'il n'y ait lieu de se hâter de faire les rectifications nécessaires pour que les corps communaux soient homogènes et entiers.

Quant au *canton*, il doit rester ce qu'il est, une division *purement judiciaire*. Il y aurait les plus graves inconvénients à lui donner une organisation administrative spéciale : cette mesure aurait pour conséquence immédiate la ***destruction de l'indépendance communale***. C'est ce qui ressortira de développements ultérieurs.

II

DE L'ÉCHANGE. — SOUS-RÉGIONS ET RÉGIONS. — CENTRES SECONDAIRES ET CENTRES PRINCIPAUX.

Définition de l'échange. Vainement l'homme des champs s'épuiserait en efforts pour arracher à la terre ses trésors, s'il ne pouvait les utiliser. Les produits du sol à l'état brut sont généralement impropres à nos usages : il est indispensable que le manufacturier complète l'œuvre de l'agriculteur ; que la matière première passe des mains de celui-ci dans celles de celui-là, pour retourner transformée à son point de départ. Il s'établit ainsi un double courant, des champs à l'atelier et de l'atelier aux champs, tout à fait analogue à la circulation du sang dans le corps des animaux : c'est ce courant qui constitue l'*échange*.

Rôle des villes.

De même que, sous l'action du cœur, le sang veineux se change en sang artériel et acquiert la propriété de répandre et d'entretenir la vie dans toutes les parties du corps : de même, c'est dans les villes que la matière brute se transforme, reçoit la qualité et la forme qui la rendent propre à nos usages.

Lorsque, chez les êtres vivants, le cœur étant affaibli par une cause quelconque, la vivification du sang n'est pas complète, l'organisme tout entier tombe dans un état de langueur et de dépérissement précurseur de la destruction. Si la circulation vient à cesser dans certaines parties, aussitôt ces parties sont frappées de mort. C'est là l'image fidèle de ce qui se passe dans l'ordre économique.

Conditions que doivent pressentir les centres commerciaux pour remplir efficacement leurs fonctions économiques.

Le courant qui constitue l'échange vient-il à se ralentir ? la transformation que doit subir la matière première est-elle lente, incomplète? Un malaise général s'empare du pays dans lequel ce phénomène se produit : si le courant s'arrête tout-à-fait le pays est complètement ruiné. Il faut donc que les *centres commerciaux* soient *assez puissants* pour que, sous leur impulsion, les courants économiques acquièrent toute l'énergie nécessaire; il faut aussi qu'ils soient *assez nombreux*, pour qu'aucune partie du territoire ne reste en dehors de l'action de ces courants, et que ceux-ci puissent envoyer des ramifications dans la plus modeste bourgade, le plus humble hameau.

Autrement dit, « il doit se trouver à la portée de chaque producteur, de chaque consommateur, une ville où le premier soit assuré de vendre tous ses produits à un prix rémunérateur, où le second soit certain de trouver, à des prix modérés, tous les objets dont il peut avoir besoin. »

Les centres ommerciaux oivent être asez nombreux our que chaue producur, chaque onsommateur ait un à sa ortée.

Chaque producteur, chaque consommateur doit avoir un centre d'affaires *à sa portée :* c'est-à-dire qu'il est nécessaire qu'il puisse s'y rendre sans emprunter des moyens de locomotion ou de transport autres que ceux dont il dispose lui-même.

On comprend, en effet, combien l'agriculteur obligé de recourir aux voitures, au roulage ou aux chemins de fer, se trouverait dans une situation défavorable vis-à-vis de celui qui n'en aurait pas besoin. Tel, après avoir franchi vingt kilomètres, a pu s'installer sur le lieu du marché; tel autre, après avoir franchi la même distance, n'est parvenu qu'à la station de chemin de fer la plus voisine. Il est évident que les dépenses du dernier excèderont celles du premier de tout ce qu'il devra payer au chemin de fer, pour frais de voyage ou de transport. S'il s'agissait de gros négociants, de vastes opérations donnant lieu à des bénéfices énormes, ces considérations n'auraient que peu de valeur. Mais les opérations auxquelles se livrent les petits producteurs, c'est-à-dire la presque totalité des producteurs des campagnes, sont loin d'être vastes, les bénéfices qu'ils recueillent loin d'être énormes. Aussi, les chemins de fer ne doivent pas *s'interposer* entre le *producteur* et le *premier acheteur*, entre le *dernier vendeur* et le *consommateur*. Loin de tendre à l'établissement d'un même niveau général, ils rompraient l'équilibre au profit de ceux qui pourraient se passer d'eux, au détriment de ceux qui ne le pourraient pas. Assurément, tous doivent rester parfaitement libres de prendre le train et d'aller vendre ou acheter fort loin, si cela leur plaît ; mais il serait profondément regrettable que les uns y fussent contraints, les autres pouvant s'en dispenser. Le rôle essentiel des chemins de fer est de faciliter, de multiplier les relations entre les centres secondaires et les grands centres, entre les grands centres et les pays éloignés.

Généralement, le cultivateur ne peut vendre à la fois qu'une faible quantité de denrées ; il est des produits agricoles qui se détériorent vite et doivent être promptement écoulés. Chaque fois, les bénéfices sont fort modestes ; néanmoins, fréquemment renouvelés, ils deviennent une source précieuse de bien-être ; mais, pour cela, il est rigoureusement nécessaire que le centre d'affaires soit assez rapproché. S'il était, au contraire, trop éloigné, le petit producteur reculerait devant un déplacement entraînant une perte de temps et des frais qui absorberaient au-delà du gain que pourrait lui procurer la vente d'une petite quantité de denrées. S'il ne se laissait pas rebuter, il en serait souvent pour sa peine. Bien placé pour se tenir en quelque sorte à l'affût de la demande, le producteur voisin de la ville pourrait toujours faire ses offres en temps opportun : lorsque le producteur éloigné arriverait, il trouverait toutes les issues fermées, et devrait s'estimer heureux de pouvoir se défaire à vil prix de sa marchandise.

Quoique le cultivateur auquel un trop grand éloignement rendrait coûteux et par conséquent difficile l'accès du centre d'affaires, vendît moins bien, lorsqu'il pourrait vendre, que le cultivateur voisin de ce centre d'affaires, le premier ne trouverait pas pour cela auprès des marchands, lorsqu'il se présenterait chez eux comme acheteur, des conditions plus douces que le second. Il en résulte que l'un gagnant moins et dépensant autant, une partie au moins de l'argent qui sortirait de sa bourse n'y rentrerait pas, et irait grossir celle de l'autre; que la banlieue de la ville s'enrichirait sans cesse des dépouilles des campagnes reculées.

Il est donc démontré que les centres d'affaires étant *trop éloignés* les uns des autres, la plus grande partie du territoire resterait en dehors de l'action des courants économiques, et que la fortune publique tendrait à se *centraliser* entre les mains des habitants de l'autre partie.

Les centres commerciaux doivent être assez importants.

D'un autre côté, la condition que doivent remplir les centres commerciaux d'être *assez puissants* en régularise et en limite le nombre. S'ils étaient très-multipliés, le peu d'importance des rares affaires qui s'y traiteraient obligerait les marchands à prélever, à chaque opération, des bénéfices ruineux pour le petit producteur et le petit consommateur; la *concurrence* qui est, pour ces derniers, une garantie aussi efficace que nécessaire, ne pourrait pas s'y établir.

Cela ne veut pas dire que l'existence de petits magasins de détail dans les gros bourgs ou les petites villes soit funeste au bien général; mais il faut que l'influence d'un centre important, assez rapproché pour que le cultivateur puisse s'y rendre à peu de frais, serve de frein à la cupidité du détaillant des petites localités, et soit comme le *régulateur commercial* de toute la contrée.

Pour formuler la conclusion rigoureuse de

ce qui précède, il n'y a qu'à répéter une phrase précédente : « Tout cultivateur doit pouvoir accéder, sans recourir à des moyens de locomotion ou de transport autres que ceux dont il dispose lui-même, à un centre d'affaires assez important, pour qu'il puisse y vendre tous ses produits à des prix rémunérateurs, y acheter tout ce dont il a besoin à des prix modérés. » Cette double condition étant remplie, les courants économiques seront assez énergiques pour que la transformation de la matière brute en matière fabriquée soit complète, et assez multipliés pour envoyer des ramifications dans la moindre bourgade, le plus humble hameau (1).

C'est là un de ces principes vrais, éternels, immuables, auxquels doivent se rattacher, dans tous les temps, les institutions humaines. Si la nature n'avait pas pourvu à son application, la Providence serait en défaut, et le sentiment de la justice ferait à la Société un devoir d'honneur de remédier à une aussi étrange anomalie. Mais ici, comme en toutes choses, le plan que doit suivre le législateur est tout tracé.

---

(1) Un centre d'affaires par département, ce ne serait pas assez ; par canton, c'est impossible ; par arrondissement, c'est nécessaire et suffisant. Il est bien entendu que cette règle générale souffre un certain nombre d'exceptions.

Nombre réel des centres commerciaux.

Grâce au nombre des centres commerciaux, les conditions précédemment indiquées se trouvent admirablement remplies. La distance qui les sépare les uns des autres, sauf quelques exceptions, est de quarante kilomètres au moins, de soixante-dix au plus : c'est précisément le double de ce que peut franchir un agriculteur sans recourir à des moyens de locomotion ou de transport autres que ceux dont il dispose lui-même (1).

Régions.

Si on appelle *région* l'étendue de pays formant la sphère d'activité de chaque centre d'affaires, il est manifeste que les habitants d'une même région sont étroitement unis entre eux par le lien d'un même intérêt collectif commercial, lien dont le point d'attache est fixé au centre commun.

Nous voilà en présence d'une collectivité d'intérêts nettement définie ; chaque région est

(1) Plus un pays est fertile ou industrieux, plus les transactions y sont nombreuses; de telle sorte que dans quelques contrées privilégiées. les producteurs des campagnes ont à leur portée deux ou même plusieurs centres d'affaires. Mais ce n'est là qu'une exception dont il ne faudrait pas tirer des conclusions générales. On remarque, du reste, qu'il existe toujours, dans ces cas fort rares, quelques centres plus importants autour desquels les autres sont groupés : par exemple, Cambrai ou Valenciennes dans le Nord, Béziers dans le Midi.

une véritable individualité commerciale, dont le législateur doit respecter et consacrer l'autonomie.

Solidarité d'intérêts entre la Région et son centre commercial.

La *solidarité d'intérêts* est complète et absolue entre *chaque région* et son *centre commercial;* la prospérité, la décadence ou la ruine de l'un entraîne nécessairement la prospérité, la décadence ou la ruine de l'autre. On peut même dire, lorsque rien d'anormal ne trouble l'état naturel des choses, qu'un centre d'affaires est un miroir fidèle reflétant trait pour trait l'image du pays voisin. Voilà pourquoi, dans les pays riches, les villes sont plus opulentes et plus peuplées que dans les pays pauvres.

Une région commerciale est comme une vaste usine dont les hameaux, les villages et les bourgs forment le personnel ouvrier, dont le centre d'affaires est le patron : tout changement dans la situation de l'un se traduit par un changement correspondant dans la situation de l'autre.

Sous-Préfectures.

Si donc, comme il le sera prouvé plus bas, les *sous-préfectures* sont, non pas toujours, mais presque toujours, à la fois les *chefs lieux administratifs* et les *centres d'affaires d'arrondissements* et de *régions* coïncidant exactement, toute mesure qui les atteindrait gravement frapperait au cœur les régions tout entières.

Le département étant maintenu, la suppression de l'arrondissement, aggravée par la constitution effective du canton, aurait le double inconvénient de tendre à *éloigner* les centres d'affaires pour le *propriétaire aisé*, à les *multiplier* pour le *petit cultivateur*. Le premier, tournant dédaigneusement le dos à son ancien chef-lieu d'arrondissement désormais bien humilié, prendrait le train à la station la plus voisine : arrivé au chef-lieu du département, il voudrait tenir haut et fier le drapeau de sa bourgade, paierait largement, généreusement, et retournerait chez lui allégé d'une somme d'argent qui, au lieu de rentrer dans sa bourse, irait grossir celle du propriétaire voisin de la résidence préfectorale : c'est ainsi que, sans s'en douter, il contribuerait à l'appauvrissement financier et à la ruine de lui-même et de son pays natal. — Quant au petit cultivateur, la dissolution du centre d'affaires voisin, en brisant le régulateur commercial de la contrée, le laisserait à la merci de la rapacité du détaillant : « Voilà, lui dirait ce dernier, c'est à prendre ou à laisser. Vous ne voulez pas vous décider ? Allez alors au chef-lieu du département ; vous gagnerez 3 francs sur le prix de la marchandise, j'en conviens, mais vous aurez 10 francs de frais de voyage. A votre aise, choisissez. »

Tels seraient les effets funestes de la suppression des sous-préfectures et des tribunaux d'arrondissements ; songez-y, vous tous qui portez quelque intérêt à ce travailleur, à ce rural, dont les sueurs, en détrempant le sol, en font jaillir la source de vie à laquelle nous nous abreuvons tous !

Mais poursuivons l'étude du mécanisme commercial.

Importation et exportation.

Il a été dit plus haut qu'il existe un courant économique toujours en activité des champs à la ville et de la ville aux champs ; que c'est ce courant qui constitue l'échange. Les choses se passeraient simplement ainsi, et l'échange ne serait que cela, si chaque région se suffisait complétement à elle-même. Mais il n'en est pas ainsi : la nature a voulu que chaque pays ne fût propre qu'à un nombre limité de productions particulières, en sorte que les diverses contrées du globe doivent, comme les individus, se prêter un aide réciproque. De là un autre courant économique, courant immense, dont les ramifications sillonnent le globe tout entier.

Le commerce d'*importation* et d'*exportation* qui donne satisfaction à cet incessant besoin d'échanges mutuels est le lien solide qui unit étroitement entre eux les hommes épars sur la surface du globe, et les rend solidaires les uns des autres ; il est l'instigateur de toutes les merveilles enfantées par le génie humain aux prises avec tant et de si grandes difficultés. Mais ici, l'importance des transactions doit être en proportion des distances à franchir, et de la grandeur des moyens employés : le but à atteindre est au-dessus de la puissance des centres d'affaires dont il a été précédemment question, et que j'appellerai *centres secondaires*. Voilà pourquoi il s'est formé des divisions commerciales d'un ordre supérieur, comprenant chacune un certain nombre de régions groupées autour d'un *centre principal :* le centre secondaire sert d'intermédiaire entre le producteur et le centre principal; ce dernier sert de trait d'union entre les centres secondaires et les pays éloignés.

Centres principaux, centres secondaires.

Régions et sous-Régions.

Désormais nous affecterons le nom de *région* aux grandes divisions commerciales naturelles, et celui de *sous-région* aux divisions moindres dont elles se composent.

Solidarité d'intérêts entre le centre principal et la Région entière.

La solidarité d'intérêts entre le *centre principal* et la *région* entière est aussi complète qu'entre le centre secondaire et la sous-région. L'habitant d'une sous-région fera ses ventes et ses achats dans des conditions bonnes ou mauvaises, selon que la situation financière du centre secondaire sera bonne ou mauvaise; or, la situation du centre secondaire dépend des conditions qui peuvent lui être faites par le centre principal pour l'écoulement de ses produits. Ainsi, tout se lie, tout s'enchaîne, et on ne peut arrêter ou entraver la marche d'un ressort sans arrêter ou entraver le fonctionnement de tous ceux qui en dépendent.

Il convient cependant d'observer ici que la dépendance des *centres secondaires,* vis-à-vis du *centre principal,* n'est pas aujourd'hui aussi rigoureusement absolue que celle du *travailleur* vis-à-vis du *centre secondaire.* Il a été démontré tout à l'heure que les chemins de fer ne doivent pas plus que le roulage ou les voitures publiques, s'interposer entre le producteur et le premier acheteur, entre le consommateur et le dernier vendeur ; mais les moyens de transport perfectionnés permettant aux centres secondaires d'envoyer leurs produits à de bien plus grandes distances qu'autrefois, au même prix et dans le même temps, l'intervention du centre principal le plus voisin n'est plus aujourd'hui absolument indispensable.

Toutefois, il est évident que les habitants d'une région ont tout intérêt à ce que leur centre d'affaires naturel soit riche et prospère : il ne faut pas que le réservoir soit trop éloigné du terrain qui doit être arrosé, car pour peu que le sol soit sablonneux ou présente des fissures, une grande partie de l'eau se perdra en route; or, est-il un sol plus sablonneux et présentant plus de fissures que celui de l'échange?

Il y a donc solidarité d'intérêts entre le centre principal et la région entière : celle-ci constitue une grande individualité commerciale, dont l'autonomie doit être respectée, et consacrée par les institutions, comme celle de la sous-région.

L'ordre administratif doit être en harmonie avec l'ordre naturel.

Ainsi, les nécessités de commerce ont donné naissance à deux divisions naturelles : la *sous-région*, formée de l'étendue de pays où les transactions directes entre les producteurs et consommateurs d'une part, et les commerçants de l'autre, se font sous l'influence d'un même centre secondaire; la *région*, formée de l'étendue de pays dont le commerce d'importation et d'exportation se fait sous l'influence d'un même centre principal. Au dessus de la région, il y a le *pays* tout entier; au-dessous de la sous-région, il y a la *commune*.

Chacune de ces divisions est l'expression d'un *intérêt collectif* nettement défini, chacune d'elles doit donc être pourvue d'un *pouvoir administratif particulier*, revêtu d'attributions en harmonie avec la nature et l'étendue de l'intérêt collectif dont elle est l'expression.

Ce n'est pas à dire que chaque région, sous-région ou commune doit être libre de s'administrer *à sa guise*, d'après les lois qu'elle jugera à propos de se donner : un pareil état de choses serait tout simplement le chaos. Non, les lois et règlements, sauf quelques modifications de détail que les circonstances locales peuvent rendre indispensables, doivent être rigoureusement *les mêmes* pour tout le pays, pour toutes les régions, sous-régions et communes.

Mais il est absolument indispensable que les *divisions administratives coïncident* avec les *divisions naturelles ;* que chaque région forme une *division principale ou province*, chaque sous-région une *subdivision.*

Si cette règle primordiale n'est pas observée, les pouvoirs administratifs, quelle que soit leur honnêteté et leur habileté, seront impuissants à maintenir la balance égale entre les intérêts de même ordre : comment remplir, en effet, une mission contradictoire? Tous les principes élémentaires d'organisation sociale seront violés.

1° Le principe *d'unité.*— Si les divisions sont *fractionnées,* on isolera les unes des autres les parties d'un même tout, et le but qui ne pouvait être atteint que par une action commune sera évidemment manqué. — Si on *groupe ensemble* deux ou plusieurs divisions *de même ordre,* on mettra en présence des forces rivales et opposées, qui s'useront mutuellement dans une lutte stérile.

2° Le principe de *liberté,* en vertu duquel toute individualité collective ou privée a le droit imprescriptible de régler souverainement, en se conformant aux lois, ce qui ne concerne qu'elle seule.— Si on fractionne une division naturelle, on n'atteint pas seulement sa liberté, on compromet son existence même.—Si on en groupe plusieurs de même ordre ensemble, c'est pour toutes l'esclavage.

3° Le principe d'*Egalité* et de *Justice;* si on fractionne certaines divisions naturelles, en affaiblissant les centres d'affaires on appauvrira les régions entières : de leurs dépouilles s'enrichiront les régions et les centres voisins. — Si on élève quelques centres d'affaires à un rang hiérarchique refusé à d'autres de même ordre, on rompt l'équilibre au profit des premiers et de leurs régions, au détriment des autres.

C'est ici le lieu d'examiner l'organisation administrative de la France : qu'est-ce que le *Département*? Est-ce une région, ou bien une sous-région? ni l'une ni l'autre, il est facile de le prouver.

III

ÉTUDE DE L'ORGANISATION ADMINISTRATIVE DE LA FRANCE. — DU DÉPARTEMENT. — DE L'ARRONDISSEMENT.

Le département n'est ni une région ni une sous région.

Département de l'Aveyron.

Considérons, par exemple, le département de l'Aveyron. S'il constitue une division naturelle, ses habitants sont unis par le lien d'un intérêt collectif; ce lien, s'il existait, se manifesterait par un signe, qui ne pourrait être autre qu'une métropole commune: le département formerait une région ou une sous-région, selon que la métropole commune serait un grand centre ou un centre secondaire. Voyons quelle peut bien être cette métropole.

Rodez.

L'attention se porte naturellement sur le chef-lieu. Or, *Rodez* n'ayant que 12,000 âmes n'est évidemment pas un grand centre. La population d'aucune autre ville ne dépassant sensiblement celle du chef-lieu, le département ne renferme pas de centre principal, et, par suite, ne constitue pas une région.

Millau et Villefranche.

On ne saurait non plus admettre qu'il est formé d'une seule sous-région, puisqu'on y remarque trois villes d'une population presque égale, *Rodez, Millau* et *Villefranche.*

Sur une étendue de pays présentant à peu près partout des conditions identiques de productions agricoles, trois villes ont acquis le même développement : il est évident que ces villes représentent trois intérêts collectifs de même ordre, parfaitement distincts, ayant les mêmes droits, et devant rester absolument indépendants les uns des autres. Ainsi le département de l'Aveyron ne forme pas une région ; mais il est formé d'au moins trois sous-régions, arbitrairement rivées à une même chaîne.

Ces sous-régions devant conserver leur indépendance réciproque, n'y a-t-il entre elles absolument rien de commnn?

Pour résoudre cette question, il faut examiner si elles appartiennent à une même région.

Toulouse.

Si les regards, fixés d'abord sur la carte du département de l'Aveyron, en franchissent les limites et se portent vers le sud-ouest, ils seront frappés du nom d'une grande et puissante cité : *Toulouse.*

Quoique notre hiérarchie administrative assigne *le même rang* à *Rodez* et à *Toulouse*, on ne peut pas admettre que ces villes sont deux centres de même ordre. Si la sphère d'activité de la première ne comprend qu'une faible partie du département dont elle est le chef-lieu, celle de la seconde s'étend bien au delà des limites du sien ; les dimensions de l'organe central sont nécessairement proportionnées à celle de l'organisme tout entier : *Rodez* est un *centre secondaire, Toulouse* un *centre principal*.

Si les sous-régions dont on a formé le département de l'Aveyron sont toutes comprises dans la région toulousaine, elles subissent en commun l'influence d'un même centre principal, bien que devant rester indépendantes les unes des autres. Mais la partie sud-est de ce département, beaucoup plus voisine de *Montpellier*, autre grande cité, appartient sûrement à la région dont cette ville importante révèle l'existence.

Montpellier.

Ainsi, le département de l'Aveyron n'est pas même une fraction homogène d'un même tout ; c'est, si on peut s'exprimer ainsi, un tronçon de tronçons !

Etat de la Province.

Voilà l'état de la province ! qu'on s'étonne après cela de l'engourdissement et de la torpeur du pays ! Affaissée, écrasée, anéantie sous le poids des chaînes savantes qui l'étreignent, la province, brisée, inerte, insensible, n'a plus la force de penser, encore moins celle de vouloir et d'agir ; elle subit, impuissante, tous les caprices de cet enfant terrible qu'on appelle Paris, et pousse parfois l'oubli de soi-même jusqu'à applaudir naïvement à ses plus effrayants caprices.

Le mal, déjà bien grand, sera bientôt incurable si on n'y rémédie promptement en en supprimant la cause. La *division par départements* a pu avoir sa raison d'être, mais elle est devenue comme un cancer qui dévore le pays.

Considérations sur divers départements.

Ainsi, le département ne forme jamais une région tout entière : c'est évident, s'il ne renferme pas de grand centre. S'il en renferme, l'influence commerciale de ce centre s'étend bien au delà des limites de la circonscription administrative.

D'un autre côté, chaque département comprend toujours plusieurs sous-régions. Généralement, ces sous-régions se rattachent à un même centre principal; mais fort souvent aussi elles appartiennent à des versants commerciaux différents, et n'ont entre elles absolument rien de commun que le joug qui leur est imposé. Tel est le cas de la Dordogne, dont la plus grande partie appartient à la région de Bordeaux, et l'autre partie à celle de Limoges; de l'Ardèche (Lyon — Nîmes); de Saône-et-Loire (Dijon — Lyon); de Loir-et-Cher (Orléans — Tours); des Deux-Sèvres (Angers — Poitiers); de l'Oise (Amiens — Paris), etc.

Le nombre des départements dans lesquels il existe une ou plusieurs villes d'une importance *égale* ou *supérieure* à celle du chef-lieu est beaucoup plus considérable qu'on ne le croit généralement. En voici des exemples :

Pas-de-Calais, chef-lieu *Arras*, 25,000 habitants. — Autres villes, *Saint-Omer*, 22,000; *Boulogne*, 36,000.

Aisne, chef-lieu *Laon*, 10,000 habitants. — Autres villes, *Soissons*, 10,000; *Saint-Quentin*, 38,000.

Marne, chef-lieu *Châlons*, 16,000 habitants. — Autre ville, *Reims*, 60,000.

Manche, chef-lieu *Saint-Lô*, 9,000 habitants. — Autres villes, *Avranches*, 9,000, *Granville*, 17,000, *Cherbourg*, 42,000.

Finistère, chef-lieu *Quimper*, 12,000 habitants. — Autres villes, *Morlaix*, 14,000; *Brest*, 70,000.

Var, chef-lieu *Draguignan*, 10,000 habitants. — Autre ville, *Toulon*, 85,000.

Ardèche, chef-lieu *Privas*, 6,000 habitants. — Autres villes, *Aubenas*, 8,000; *Annonay*, 17,000.

Je me contenterai de citer les autres départements qui sont dans le même cas : Morbihan, Vendée, Charente-Inférieure, Landes, Basses-Pyrénées, Ariége, Tarn, Corrèze, Creuse, Basses-Alpes, Saône-et-Loire, Jura, Haute-

Saône, Haute-Marne, Meuse, Ardennes, Eure, Seine-et-Marne. Pour compléter cette liste il faut, aux vingt-cinq départements qui précèdent, ajouter tous ceux dont les chefs-lieux ne doivent la supériorité numérique de leur population qu'aux *privilèges* et aux *faveurs* mêmes qui leur ont été prodigués. La *Dordogne* en offre un exemple frappant : la rapidité même de l'accroissement de la ville de *Périgueux* prouve combien il est factice et anormal.

Enfin, puisque le développement d'un centre dépend des conditions plus ou moins favorables que la nature a faites au pays dont il concentre les affaires, deux villes d'inégale population peuvent parfaitement représenter des intérêts analogues ou de même ordre qu'il serait injuste d'assujettir l'un à l'autre.

Les villes dont les noms suivent ne sont évidemment pas des centres principaux :

Beauvais, Épinal, Auxerre, Chartres, Blois, Laval, Niort, Châteauroux, Mende, Le Puy, Gap, Annecy, Chambéry, Agen, Auch, Cahors, Aurillac, Perpignan, Moulins, Alençon, Bourg, Valence, Nevers, Saint-Brieuc, Angoulême, Tarbes, Carcassonne.

Des villes dont la plus peuplée ne compte guère que 20,000 âmes ne peuvent être que des centres secondaires : donc, quoique leur population soit un peu supérieure à celle des autres centres de même ordre dont elles sont voisines, elles n'ont droit à aucune suprématie.

L'arrondissement est une division naturelle : il correspond à la sous-région

Il résulte de ce qui précède : que le nombre des *sous-régions* et des *centres secondaires* est à peu près le même que celui de nos *arrondissements*.

Que l'arrondissement est, en général et *en principe*, une division *naturelle ;*

Que le département, au contraire, est une division *factice* et *arbitraire*.

Chefs-Lieux des départements.

Les trois quarts de nos préfets résident dans des centres secondaires qui, très-souvent, ne sont pas les plus importants de leurs circonscriptions respectives : on vient de le voir. Dira-t-on que, s'inspirant du bien général, on a surtout voulu placer le chef-lieu administratif au milieu des administrés ? que cette considération a quelquefois fait préférer une ville à une autre plus considérable ?

Mais pourquoi n'a-t-on pas tracé les circonscriptions en prenant pour centres les villes principales ? Sauf dans un très-petit nombre de cas, rien n'était plus facile.

Du reste, on sait que pour mettre un corps en équilibre, ce n'est pas le *centre de figure* qu'il importe de fixer, mais bien de *centre de gravité ;* de même, pour qu'une organisation administrative soit en harmonie avec l'ordre naturel, il est absolument indispensable que les *métropoles commerciales,* lors même que leur situation ne serait pas *centrale,* soient aussi les *chefs-lieux administratifs*. Se peut-il que le centre des intérêts d'une région soit autre que le centre d'affaires? Installera-t-on le préfet au milieu d'une lande déserte ou au sommet d'un pic couvert de neiges éternelles, en invoquant la nécessité de le placer au centre mathématique de la circonscription qu'il doit administrer?

Plusieurs de nos capitales sont, du reste, loin d'occuper un point central dans leurs départements; on peut citer comme exemples : *Mâcon, Mézières, Quimper, Alençon, La Rochelle, Niort, Cahors, Pau, Avignon, Valence, Nevers, Bar-le-Duc, Arras, Chambéry, Annecy, Orléans, Melun, Agen, etc.* On dira sans doute que ces villes ont été choisies, malgré leur situation, à cause de leur importance; en sorte que, une ville étant investie du titre de chef-lieu, on justifie le choix dont elle a été l'objet par sa situation, si elle est peu importante; par son importance, si elle est mal placée : la vérité est qu'on l'a choisie tout simplement parce qu'il plaisait de le faire.

Origine du département.

Pour s'expliquer comment on a pu découper le territoire français d'une aussi bizarre façon, sans tenir aucun compte des intérêts commerciaux, il faut se reporter à l'époque de la création des départements. Déjà se faisaient entendre les premiers grondements du plus terrible orage politique dont l'histoire ait gardé le souvenir. Les questions de *production* et d'*échange* avaient bien peu de prise sur des esprits que remplissait entièrement la *passion politique* : le *travailleur* disparaissait complétement derrière le *citoyen*. Celui qui eût combattu des projets ayant un *but politique* par des considérations tirées de l'*ordre économique* n'eût été ni écouté, ni compris.

La division par départements s'est faite sous l'empire de deux préoccupations principales.

Le première était de marquer par une mesure éclatante la rupture définitive avec le passé, d'effacer jusqu'au moindre vestige du régime précédent, et de témoigner, en donnant une physionomie nouvelle au territoire, que le *nouvel* ordre de choses ne devait avoir avec l'*ancien* absolument rien de commun. Or, la division *administrative* par *provinces*, quoique très-défectueuse, correspondant à peu près à la division naturelle en grandes *régions commerciales*, le but que l'on se proposait ne pouvait être atteint que par une répartition du territoire factice et purement arbitraire.

D'un autre côté, l'Assemblée nationale avait

à cœur de fortifier l'*unité du pays*, qu'elle croyait incompatible avec l'*autonomie provinciale*. Elle résolut de briser, par un moyen héroïque, les entraves que l'esprit local pourrait apporter à l'action du pouvoir central ; d'affaiblir les grandes cités de province afin que, impuissantes à contrebalancer par leur influence, l'influence exclusive de la capitale, elles ne pussent s'opposer à la fusion, en une seule teinte uniforme, des diverses nuances particulières. Elle poussa l'hostilité contre les grandes villes jusqu'à réduire quelques-unes d'entre elles à un rang inférieur, *Reims*, par exemple ; en général, cependant, elle pensa qu'il suffisait de les humilier en les assimilant à des villes plus que secondaires, et de contenir leur action en la renfermant dans les plus étroites limites : le *département* fut l'instrument dont elle se servit pnur affermir l'*unité* nationale par la *dissolution* de la *province*.

IV

CENTRALISATION ET DÉCENTRALISATION.

Origine de la centralisation.

C'est donc en l'année 1790 que prit naissance le système centralisateur encore en vigueur ; ses effets ont pu d'abord être salutaires, mais ils sont depuis longtemps funestes, et deviennent chaque jour plus désastreux. Quelle que soit l'opinion que l'on professe, il est impossible de ne pas reconnaître que l'asservissement de la province au despotisme aussi capricieux que terrible de la capitale date précisément de l'ère de la liberté.

Ce que c'est que la centralisation.

« *La centralisation,* dont on parle beaucoup sans bien comprendre en quoi elle consiste, n'est autre chose que la substitution d'une force unique, factice et arbitraire, à diverses forces vraies et naturelles réduites à l'impuissance. »

Il a été précédemment établi que, dans tout pays civilisé, les nécessités du *travail* et de l'*échange* ont donné naissance à trois divisions naturelles : la *commune,* la *sous-région* et la *région.*

Lorsque, dans un État, les divisions administratives coïncident avec les divisions naturelles, l'ordre qui préside aux mouvements des forces sociales se peut exactement comparer à celui que nous admirons dans les mouvements célestes : les globes qui composent le système planétaire sont mus par une loi commune autour du soleil ; cependant, chacun d'eux a sa sphère propre d'activité , dans laquelle son influence s'exerce souverainement et sans entraves ; chacun d'eux est le centre indépendant de mouvements particuliers, analogues au mouvement général. Dans un

État réglé sur ce plan éternel et divin, la tâche du pouvoir central est aussi simple, aussi facile que possible : se bornant à donner l'impulsion au *mouvement général*, il peut jouir en paix du spectacle grandiose de forces agissant en liberté dans leurs sphères respectives quoique procédant d'un principe unique, et se pondérant mutuellement sans se contrarier jamais.

Mais, s'il arrive que le gouvernement cesse de s'accommoder de ce rôle modeste ; si, non content d'être le *ressort principal*, il veut former à lui seul *tous les rouages*, *centraliser* entre ses mains les mouvements des moindres parties de l'appareil, en substituant l'impulsion unique de sa propre force à l'impulsion multiple des diverses forces particulières, il réduira d'abord celles-ci à l'impuissance en *isolant* les unes des autres les parties destinées à une *action commune*, en *forçant*, au contraire, à une *action commune* celles destinées à *agir isolément*. Il est un moyen sûr d'arriver à ce résultat : c'est de créer des divisions administratives, ou plutôt politiques, *intermédiaires* entre les divisions naturelles ; c'est précisément ce que fit l'Assemblée en créant le département, *moyen terme* entre la région et la sous-région.

Les régions, coupées en plusieurs tronçons, cessant en quelque sorte d'exister, ne pouvaient plus désormais opposer de résistance à leur absorption par l'État ; d'un autre côté, les diverses sous-régions comprises dans un même département perdant leur indépendance réciproque, devaient fatalement être peu à peu absorbées par celle dont le centre d'affaires était revêtu du titre de chef-lieu. Désormais, il allait y avoir *centralisation à la fois* au profit de la *capitale,* au détriment des *grands centres provinciaux* et au profit de *certains centres* secondaires, au détriment de *tous les autres.*

Double centralisation au profit de Paris et des chefs-lieux de départements.

Le courant général qui entraîne la vie de la nation entière vers la capitale s'alimente des courants particuliers qui tendent à la désorganisation des sous-régions en faveur de quelques centres secondaires privilégiés : si l'Assemblée nationale avait partagé les régions en autant de parties qu'elles comprennent de sous-régions, celles-ci auraient conservé leur indépendance réciproque ; elles se seraient naturellement groupées autour des centres principaux, et, par la force même des choses, les régions se seraient reconstituées d'elles-mêmes : il n'y aurait pas eu centralisation, le but n'eût pas été atteint. Pour centraliser, il fallait nécessairement créer une division politique intermédiaire entre les divisions naturelles, laquelle, n'étant qu'un *tronçon de région,* fût cependant *assez grande* pour donner le change sur sa nature et affecter, à des yeux peu clairvoyants, les apparences d'une division normale ; il fallait, enfin, que cette division, comprenant un certain nombre de sous-régions, permît de les grouper autour d'un *centre artificiel,* et fît ainsi perdre de vue aux populations le centre vrai auquel elles se rattachent.

Le but devait être d'autant plus sûrement atteint que les divisions seraient moins homogènes, qu'elles se composeraient d'éléments plus disparates, plus inconciliables. Voilà pourquoi, non content de fractionner les provinces en plusieurs tronçons, on accola les uns aux autres, toutes les fois que cela fut possible, des *lambeaux* arrachés à diverses provinces, et on en forma des assemblages détonnants.

Si le dieu de la guerre inspira la légion aux Romains, le génie de la désorganisation inspira le département à l'Assemblée nationale. Les grands centres durent s'estimer heureux d'obtenir un rang hiérarchique aussi élevé que celui des centres secondaires privilégiés : bien humiliés, bien abaissés, ils démasquèrent Paris qu'ils avaient jusque-là dissimulé en partie : Paris parut un *immense géant* au milieu de *pygmées,* et, à partir de ce moment, exerça sur tout le pays une irrésistible et fatale fascination.

Il ne faut pas détruire l'esprit local, base du patriotisme.

Assurément, les vues de l'Assemblée nationale étaient excellentes. Toutefois, il est permis de croire qu'en provoquant la destruction de *l'esprit local,* elle allait directement contre son but. Arracher du cœur de l'homme un sentiment naturel, juste et bon, ce n'est pas le perfectionner, c'est le mutiler et le dégrader. Le jour où, les vœux des députés de 1790 étant remplis, il n'y aurait plus ni *Bretons,* ni *Normands,* ni *Provençaux,* ce jour-là, qu'on le sache bien, il n'y aurait plus de *Français.* L'homme ne porte pas dans son cœur, en naissant, un amour embrassant, s'il est Anglais, toute l'étendue de pays qui forme le Royaume-Uni; s'il est Belge, une étendue de pays dix fois moindre; s'il est Russe, une étendue de pays vingt fois plus grande. Mais il naît avec l'amour des objets qui entourent son berceau, qui frappent ses premiers regards, qui lui procurent ses premières et ses plus douces joies, avec l'amour, en un mot, de tout cet ensemble qui constitue le *pays natal.* Plus tard, ce sentiment s'agrandit, s'étend au territoire tout entier et devient le *patriotisme.* Ainsi, le patriotisme n'est que l'amour du pays natal étendu, amplifié, amour que, loin de le détruire, il se faut bien garder d'affaiblir.

Faites que chacun se trouve bien chez soi, et il aimera sa patrie comme l'enfant aime sa mère veillant avec tendresse et sollicitude sur son bonheur ; ne forcez personne à aller contempler la splendeur de villes éloignées ; ne faites pas naître dans les cœurs le dégoût et le mépris du *foyer domestique;* n'y développez pas le sentiment amer de l'*injustice* et de la *haine*, en obligeant les uns à comparer leur misère à la richesse de ceux qui s'engraissent de leurs dépouilles.

Tenez donc la balance aussi égale que possible entre les intérêts *de même ordre*. Que la création de grandes divisions territoriales assigne aux grandes villes, dans l'ordre administratif, un rang correspondant à celui qu'elles occupent dans l'ordre naturel : Paris cessera d'être le seul grand centre de la France, il ne sera plus que le premier entre des égaux. Que, d'un autre côté, on abolisse le privilége créé en faveur de certains centres secondaires : les sous-régions recouvreront leur autonomie et leur indépendance ; bientôt se révèlera toute la puissante vitalité de notre belle France, et en peu de temps la face du pays sera renouvelée.

Le département n'est pas à proprement parler une division *administrative;* c'est une division purement *politique*. Que ceux à qui le département est cher à cause de son origine révolutionnaire, oublient un instant cette origine ; leur loyauté les obligera de reconnaître qu'il constitue l'*instrument du despotisme* le plus parfait qui ait jamais été imaginé.

Heureux effets de la création des arrondissements.

Heureusement la création des *arrondissements*, dont l'étendue coïncide le plus souvent avec celle des sous-régions, a mis un frein à l'action absorbante et désorganisatrice des chefs-lieux de département, et a empêché la dislocation complète du pays (1).

Et cependant, la mesure la plus considérable que les apôtres de la décentralisation aient proposée jusqu'ici, c'est précisément la *suppression* de ce même arrondissement, dernier vestige de l'autonomie provinciale.

Comment il faut entendre la décentralisation.

Il faudrait pourtant s'entendre sur le sens des mots : que prétend-on faire en décentralisant ? On se propose apparemment de remédier à l'état morbide du pays, atteint à la fois de *pléthore* et *d'anémie*, en faisant refluer vers les *extrémités affaiblies* la surabondance de sève *accumulée au centre*. Qui veut la fin veut les moyens.

Croit-on sérieusement que, par la suppression

(1) Il se peut que les arrondissements aient été créés dans un but politique. Mais qu'importe, s'il en est résulté un grand bien pour le pays ? Il se peut qu'on fasse le bien voulant faire le mal. Il se peut aussi qu'on fasse le mal, voulant faire le bien. C'est le dernier cas qui se réalisera sûrement si on supprime les arrondissements ; sans être inspiré du ciel, on peut faire avec assurance cette prédiction.

des sous-préfectures de *Dax*, de *Pamiers*, de de *Marvejols*, de *Sisteron*, de *Dôle*, etc., les villes de *Mont-de-Marsan*, *Foix*, *Mende*, *Digne*, *Lons-le-Saulnier* deviendront des centres puissants, capables de lutter efficacement contre le pouvoir absorbant de la capitale ?

Si c'est ainsi qu'on entend la décentralisation, Paris peut se rassurer : des réformes de ce genre ne lui feront aucun mal ; loin de là, puisque, par la dissolution des sous-régions, elles porteront le coup de grâce à la province.

A propos du canton.

Il paraît même qu'on songe sérieusement à créer, par l'organisation effective du *canton*, un nouvel agent de destruction. Il a été établi plus haut que le canton a sa raison d'être comme division d'ordre *purement judiciaire*. Mais si on l'introduit dans les rouages administratifs, *terme moyen* entre la sous-région et la commune, il tendra à *dissoudre* la première et à *absorber* la seconde, exerçant sur elles une action désorganisatrice tout-à-fait semblable à celle que le département exerce sur la région et la sous-région.

Ceux du reste qui considèrent le département comme une division normale sont logiques en demandant la constitution effective du canton : une *division fausse* doit entraîner une *subdivision également fausse*. Si leurs projets sont mis à exécution, toutes les forces vives de la province seront sourdement minées: peu à peu la vie se retirera de la *commune*, de la *sous-région* et de la *région ;* le jour où l'œuvre de destruction sera accomplie, le *pays* lui-même ne sera plus : des parties mortes ne peuvent constituer un corps vivant.

Que si l'on veut réellement *décentraliser,* il faut opposer à Paris des forces sérieuses, donner des points d'appui solides à la résistance de la province : *Lyon, Marseille, Toulouse, Montpellier , Limoges, Besançon, Reims, Nantes,* etc., voilà les leviers dont il se faut servir.

Lyon, Marseille, Toulouse, Nantes, etc.

Qu'on ne craigne pas que ces grandes cités, en acquérant de la puissance, deviennent de dangereux foyers de désordre : l'abaissement leur a fait perdre le sentiment de leur originalité, la conscience de leur propre valeur, je dirai presque de leur dignité : elles ne savent plus qu'imiter servilement Paris. Paris seul est vraiment dangereux : il faut le mettre dans l'impuissance de nuire, en restituant leur part légitime d'influence à nos grands centres de province, qui se serviront les uns aux autres de mutuel contre-poids.

V

PRÉFETS ET CONSEILS GÉNÉRAUX. — SOUS-PRÉFETS ET CONSEILS D'ARRONDISSEMENTS. — CONSEILS CANTONNAUX.

Avec le *maintien* du *département*, *il n'y a pas* de décentralisation possible. On pourra multiplier les lois, entasser des monceaux de décrets, imprimer au sujet des *conseils généraux* assez de papier pour envelopper le monde, il n'y a qu'une seule chose qu'on ne pourra pas faire: décentraliser. Ce sera certainement pour la postérité enfin éclairée un sujet d'étonnement bien profond, qu'on ait pu songer à décentraliser en se servant d'un instrument créé tout exprès pour centraliser! Que dirait-on d'un chimiste qui, pour reconstituer un corps, s'aviserait d'employer le réactif même au moyen duquel il l'a décomposé?

Les conseils généraux ne peuvent pas gérer l'intérêt régional.

Considérons la *région bordelaise*. Toutes les parties de cette région sont unies entre elles par le lien d'un même intérêt commercial dont le point d'attache est à *Bordeaux;* quel peut bien être le représentant de cet intérêt? Quel est le pouvoir administratif, le corps délibérant préposés à sa gestion? Est-ce le *préfet*, le *conseil général* de la *Gironde*? Mais leur ressort, formé de ce seul département, ne comprend qu'une faible partie de la région. Quant aux conseils généraux *des Landes*, de *Lot-et-Garonne*, des *Basses-Pyrénées*, évidemment ils ne sont pas mieux en mesure de gérer l'intérêt collectif régional: ce dernier n'a donc pas d'organe spécial compétent, et tant qu'il en sera ainsi, le pouvoir central s'en arrogera la gestion.

L'état de la région ainsi coupée en tronçons se peut exactement comparer à celui d'un corps organisé que ses jambes ne pourraient pas porter vers les objets que les mains veulent palper, dont les mains ne pourraient saisir ceux que les yeux veulent examiner. L'appareil, n'ayant pas de volonté propre, incapable de se mouvoir *par lui-même*, se prête, docile, inerte et impuissant, à l'impulsion qu'une *force étrangère* lui imprime.

Ainsi les conseils généraux ne peuvent pas prétendre à la gestion des intérêts régionaux, qui restera l'apanage exclusif du pouvoir central, tant que le département n'aura pas été supprimé.

Les conseils généraux ne peuvent pas bien gérer l'intérêt sous régional.

Il en résulte que les attributions des assemblées départementales ne sauraient franchir le cercle restreint de l'intérêt *sous-régional*. Eh bien, j'ose dire que, cette modeste mission elle-même, les conseils généraux ne peuvent pas la bien remplir. Jusqu'ici, ils ne sont guère intervenus dans les affaires de leurs départements que pour approuver les actes de l'agent du pouvoir central qui, ici encore, est resté maître de la situation : croire que les conseils généraux de l'avenir feront beaucoup mieux que leurs devanciers, n'est-ce pas se bercer d'illusions? Est-ce ici le cas de répudier les enseignements de l'expérience?

Germes de conflits.

Le conseil général porte en lui-même des *germes de conflit* qu'il est impossible d'étouffer : les conseillers représentent des intérêts divers de même ordre, opposés les uns aux autres; de là des divergences d'opinions, de désirs, donnant naissance à des conflits incessants : sans doute, ces conflits ne se traduisent jamais par des actes violents, mais ils rendent souvent nécessaire l'*arbitrage* du préfet, qui serait sollicité s'il ne s'offrait de lui-même (1).

(1) Ceci s'applique surtout aux soixante départements dont les chefs-lieux ne sont que des centres secondaires. Les divergences de vues sont nécessairement moins accentuées dans les conseils généraux des départements dont les chefs-

Tout conseil général se compose d'autant de *groupes distincts* que le département comprend de sous-régions. Chaque groupe s'efforce naturellement de se tailler la plus large part possible dans le budget commun, et de rogner le plus qu'il pourra la part de ses rivaux. Dans ces luttes intestines, la victoire appartient au plus habile ou au plus influent (c'était fort souvent le préfet) : bien des fois le bon droit est mis en déroute.

Il est peu de départements dont certaines parties, quoique contribuant aux charges comme les autres, n'aient pas été souvent oubliées dans la répartition des avantages. Les services publics y sont en souffrance, on n'y trouve que peu de routes, pas de ponts, ni de canaux, ni de chemins de fer. Celui qui demanderait la cause de cette fâcheuse situation apprendrait bien vite qu'il faut tout simplement l'attribuer à la paresse, à l'inertie, à l'infériorité physique, intellectuelle et morale des pauvres gens de la contrée.

Causes d'erreur.

Si les conseils généraux sont troublés par

---

lieux sont des grands centres, parce que, dans chacun de ces départements, les divers intérêts particuliers sont dominés par un intérêt général supérieur.

d'inévitables conflits, il est de puissantes *causes d'erreur* dont ils ne se peuvent préserver.

J'ai dit tout à l'heure que les attributions des assemblées départementales ne sauraient franchir le cercle restreint de l'intérêt sous-régional. Pour juger sainement et résoudre équitablement les questions de détails qui s'y rattachent, il faut exactement connaître les contrées qu'elles intéressent. Chaque membre connaît la sous-région à laquelle il appartient ; il connaît ses besoins et peut apprécier les mesures qui la concernent; mais sa *compétence* ne s'étend pas au delà. Supposons un conseil général composé de 40 membres, formant quatre groupes distincts. Lorsqu'une question vient en délibération, 10 membres seulement sont en mesure de la bien juger; s'ils décidaient seuls, ils pourraient statuer en connaissance de cause. Mais on comprend combien est grande la confusion qui résulte de l'intervention des 30 autres membres ; combien est grande la porte qu'une semblable situation ouvre à l'*influence personnelle* soit du préfet, soit de quelques conseillers.

Il ne faut pas attribuer à l'homme un désintéressement qui n'existe, hélas ! presque jamais. Rarement il résistera à la tentation de faire triompher son intérêt privé, dût l'intérêt public en souffrir.

Si les populations lésées se plaignent ensuite à leur conseiller général, il a la ressource de s'associer à leur mécontentement, et de couvrir sa responsabilité personnelle en se retranchant derrière le *despotisme* du préfet. Que faire ? le préfet est si loin ! et puis quelle apparence qu'un despote aussi absolu écoute les doléances du pauvre rural !

Si les ruraux sont à plaindre, les préfets ne le sont pas moins : ils ne sont pas aussi despotes qu'on veut bien le dire, mais seulement impuissants à remplir une mission contradictoire.

Il ne faut pas perdre de vue que les départements ont été créés et les préfets institués pour façonner le pays à la politique du gouvernement, et non pour administrer ses intérêts commerciaux.

Sous-Préfectures.

On a dit et l'on répète sans cesse que les *sous-préfectures* ne sont que des *bureaux de poste*. Cependant, si on réfléchit que chaque département compte *500 communes* en moyenne; si on songe au petit nombre de jours dans l'année et d'heures dans le jour qui peuvent être consacrés au travail, on comprendra que les préfets se heurteraient à une impossibilité matérielle s'ils entreprenaient d'instruire par eux-mêmes toutes les affaires, de descendre jusqu'aux moindres détails qui s'y rattachent : et on s'étonnera que les ex-sous-préfets de *Dreux* et de *Châteaudun* n'aient rien trouvé d'utile à faire dans les arrondissements dont la Délégation de Tours leur avait confié l'administration (1).

On se plaint des *lenteurs* administratives ! Mais on en verrait bien d'autres, si les questions n'étaient pas examinées, étudiées et résolues par les sous-préfets avant d'être soumises à l'approbation du préfet. Ne serait-ce pas plutôt ce dernier qui serait une *superfétation* ? Ou bien il approuve les propositions des sous-préfets, et alors son intervention est *inutile ;* ou bien il ne les approuve pas, auquel cas son intervention est presque toujours *nuisible ;* car, n'ayant pas des moyens d'information personnels suffisants, il ne porte, sur les affaires, des jugements sains et équitables qu'autant que *le hasard* veut bien s'y prêter.

Mais, dira-t-on, l'administration ne sera plus dirigée dorénavant par les préfets, mais bien par les conseils généraux : il est inutile de répéter ce qui a été dit quelques lignes plus haut ; quoi qu'on fasse, on ne détruira pas les germes de

---

(1) Ces messieurs ont motivé leur démission en déclarant que leur expérience personnelle leur permettait d'affirmer qu'aucun intérêt ne souffrirait de la suppression des sous-préfectures.

discorde, les causes d'erreur que les conseils généraux portent en eux-mêmes, et le contrôle qu'ils exerceront sur la gestion des préfets sera toujours beaucoup plus apparent que réel.

Sous-préfets. Les *sous-préfets* rendraient les plus signalés services au pays, si on leur donnait des attributions *effectives*. Il leur serait facile de parcourir en tous sens leurs circonscriptions respectives, d'en visiter les petites villes, les bourgs, les hameaux. Bientôt ils connaîtraient exactement les besoins et les ressources du pays, et pourraient, s'appuyant sur des données *précises* recueillies *sur les lieux*, se livrer avec fruit à l'étude des moyens de développer les unes et de donner satisfaction aux autres.

Conseils d'arrondissements. D'un autre côté, le *contrôle*, que les *conseils* sous-régionaux ou *d'arrondissement* exerceraient sur l'administration des sous-préfets serait autrement sérieux et efficace que celui des conseils généraux sur l'administration des préfets.

Dans un conseil d'arrondissement où *chaque canton* enverrait, je suppose, *trois ou quatre* représentants, il serait bien difficile que la lumière ne se fît pas sur toutes les questions. En vain l'intérêt privé manœuvrerait pour surprendre la religion de l'assemblée.

Pas de causes sérieuses de *conflit*, tous les membres appartenant à un *même groupe com-*

mercial, tous leurs mandants étant unis par les liens d'un intérêt *collectif* commun (1).

Pas de cause *d'erreurs*, puisque chaque membre, connaissant toute la circonscription, sa topographie, son sol, ses coteaux, ses vallées, ses cours d'eau, serait en mesure d'apprécier sainement les questions qui lui seraient soumises. Viendrait-on à juger nécessaire, pour dissiper quelques doutes, de prendre un *supplément* d'informations? En un très-court délai le conseil pourrait s'éclairer de renseignements précis recueillis *sur les lieux* par une *commission*.

Si chaque sous-région avait son *budget* particulier, il deviendrait impossible d'enrichir quelques-unes d'entre elles des dépouilles de toutes les autres.

Enfin, les sous-préfets ne pouvant dissimuler ni altérer la vérité, la grossir ni l'amoindrir, il ne leur resterait d'autre ressource que de s'efforcer de mériter l'estime des conseils d'arrondissements, par leur *activité* et leur *zèle* pour le bien public. Les préfets ont souvent cherché à *dominer* les conseils généraux : n'y

---

(1) Si on révisait la division par arrondissements, il serait toujours possible, sauf peut-être dans 4 on 5 cas pour toute la France, de former des groupes commerciaux homogènes, dans lesquels il y aurait unité d'intérêt collectif.

ont-ils jamais réussi? est-il bien sûr qu'ils n'y réussiront plus jamais?

Conseils cantonnaux.

Quant à l'institution des *conseils cantonnaux*, c'est une idée que je crois malheureuse. Considérons un arrondissement exactement formé d'une sous-région naturelle : celui de *Saumur*, par exemple, ou de *Vendôme*, de *Gray*, de *Narbonne*, de *Bergerac*, de *Châtellerault;* n'est-il pas évident que chacune des villes que je viens de citer est le centre commun des intérêts de son arrondissement tout entier? Quel avantage peut-il y avoir à fractionner en tronçons un corps parfaitement *un* et homogène? Espère-t-on que l'arbre portera des fruits plus nombreux et meilleurs, si on tend à empêcher la sève de converger des racines vers le tronc?

Et puis, que pourra bien être la mission des conseils cantonnaux?

Alternatives.

Ou bien ils n'émettront que de simples *vœux*, dont les conseils généraux ne tiendront probablement pas beaucoup plus de compte que de ceux exprimés jusqu'ici par les conseils d'arrondissement, bien mieux en mesure, assurément, d'apprécier avec ensemble les besoins de la contrée qu'ils représentent.

Ou bien, on leur donnera des attributions *effectives*. Ces attributions ne sauraient s'étendre aux questions d'intérêt *sous-régional*, chaque sous-région se trouvant hachée en huit, dix ou douze tronçons. Dès lors, elles seront forcément circonscrites dans le cercle des intérêts *locaux*, et empièteront sur celles des conseils *municipaux*. Un jour viendra peut-être, jour néfaste entre tous, où la commune perdra son autonomie, comme la sous-région va, probablement, perdre la sienne dans un prochain avenir.

L'objection qu'on pourrait être tenté de me faire en s'appuyant sur l'organisation de la Suisse en *cantons confédérés* se retournerait contre ses auteurs : la population moyenne des cantons suisses est de 112,000 habitants; c'est celle d'une sous-région et d'un arrondissement. Entre le canton suisse et le canton français, il n'y a que le *nom* de commun : celui-ci n'est que le *dixième* de celui-là.

En outre, on ne voit pas très-bien comment on pourrait *organiser* le canton administrativement; on se bornerait probablement à instituer des conseils cantonnaux. Dans ce cas, on *briserait* l'arrondissement sans *fortifier* efficacement le canton (ce que je crois, du reste, impossible), et les chefs-lieux préfectoraux feraient bientôt peser sur les départements un despotisme analogue à celui que Paris fait peser sur toute la France.— Ou bien on mettrait un *fonctionnaire* à la tête de chaque canton : quelque modestes que fussent les allocations affectées à leur traitement, frais de bureau, etc., les administrateurs cantonnaux, *huit fois* plus nombreux que les sous-préfets, coûteraient évidemment *plus cher* que ces derniers. Et remarquons que le maintien des sous-préfectures permettrait de supprimer près des *trois quarts* des préfets, avec leur pompeux cortége de hauts fonctionnaires de toutes sortes, et de réaliser d'énormes économies (1).

On doit conclure de ce qui précède :

Conclusions. « 1° Que les préfets et les conseils généraux *ne peuvent pas* gérer l'intérêt collectif régional, parce que le département n'est qu'un tronçon de région ; qu'ils ne peuvent gérer que *très-mal* l'intérêt sous-régional, attendu que le département comprend toujours plusieurs sous-régions ;

» 2° Que les conseils cantonnaux *ne pourraient pas* gérer l'intérêt sous-régional, puisque chaque

(1) Il est difficile de s'expliquer l'esprit d'hostilité dont tout le monde paraît animé contre les sous-préfectures, puisque le principe sur lequel repose la division par *arrondissements* a reçu sa consécration dans tous les pays bien organisés. Voici la population moyenne des subdivisions adoptées dans quelques contrées de l'Europe :

Cercles de Prusse, 55,000 habitants. — *Arrondissements* belges, 107,000 hab. — *Cantons* suisses, 112,000 hab. — *Sections* de la Saxe-Royale, 150,000 hab. — *Comtés* écossais, 95,000 hab. — Si les *comtés* anglais sont plus peuplés, il faut l'attribuer aux énormes et nombreuses agglomérations d'hommes qu'on remarque dans ce pays éminemment industrieux.

canton n'est qu'une fraction de sous-région; qu'ils ne pourraient gérer que *très-mal* l'intérêt municipal, puisque chaque canton comprend plusieurs communes;

» 3° Que, par conséquent, il faut créer des *conseils provinciaux*, pour la gestion de l'intérêt régional; confier celle de l'intérêt sous-régional aux *conseils d'arrondissements* émancipés et réorganisés; laisser aux conseils *municipaux* celle de l'intérêt local;

» 4° Que le système qui s'appuie sur Paris, le département et le canton est un système *centralisateur;* que le système contraire doit s'appuyer sur les grands centres de province, l'arrondissement et la commune. »

VI

INCONVÉNIENTS DIVERS DE LA DIVISION PAR DÉPARTEMENTS.

Rapports naturels altérés.

La division par départements altère les *rapports naturels;* elle ravale nos grands centres au niveau de villes d'ordre inférieur; elle attribue à certains centres secondaires une importance qu'ils n'ont pas, elle dénie aux autres celle qu'ils ont réellement.

...ées faussées. Elle a *faussé les idées :* on en est venu à considérer chaque département comme une division normale, chaque chef-lieu comme une vraie métropole. Aussi, avons-nous au moins trois plus de *préfets* et de *hauts fonctionnaires* qu'il n'est besoin. Il y a à *Mende,* absolument comme à *Lille,* un *directeur* placé à la tête de chaque branche d'administration, et cependant la population de la *Lozère* n'est que le *onzième* de celle du *Nord !*

Qu'on ne me dise pas : « Vous êtes en contradiction avec vous-même ; tout à l'heure vous avez prétendu que les préfets se heurteraient à une impossibilité matérielle, s'ils voulaient instruire par eux-mêmes toutes les affaires qui surgissent dans leurs départements, et voilà qu'à présent vous prétendez qu'ils sont au moins trois fois trop nombreux : est-il sensé de supposer que 25 préfets supporteront une charge écrasante pour plus de 80 ? » — La réponse est facile : il n'a point été dit qu'il n'y a pas assez de préfets, mais, ce qui est bien différent, qu'il faut donner aux sous-préfets des attributions effectives.

Les *préfets* et autres chefs *supérieurs* devraient se borner à donner l'impulsion *générale :*

quant au réglement des *détails*, c'est l'affaire des *sous-préfets* et autres chefs *subalternes*.

Le département est à la fois trop grand et trop petit.

Nos divisions administratives sont vicieuses parce qu'elles sont à la fois *trop petites* et *trop grandes*: trop petites, pour que les fonctionnaires placés à leur tête puissent avoir des *vues d'ensemble*; trop grandes pour qu'ils puissent s'occuper des *détails*. De là une situation confuse : les chefs subalternes ne peuvent rien décider sans en référer à leurs directeurs qui, revêtus d'attributions complexes, nuisent à l'action de leurs inférieurs sans pouvoir agir efficacement eux-mêmes.

Rien n'est plus vrai qu'un proverbe administratif qu'on demande la permission de citer malgré sa trivialité : « Il faut des *gros bonnets*, mais pas trop n'en faut. » Les gros bonnets coûtent fort cher et sont beaucoup plus nuisibles qu'utiles quand ils sont trop nombreux.

Ainsi, les Français sont très-mal administrés, précisément parce qu'ils dépensent beaucoup trop pour leur administration.

Charges énormes qui pèsent sur le contribuable.

La grande *multiplicité* de capitales, de préfets, de receveurs généraux et autres hauts fonctionnaires impose aux populations les plus lourdes charges.

La construction, la restauration et l'entretien

des *édifices préfectoraux* surtout, sont des fardeaux écrasants pour les contribuables des départements d'une faible population. Dans bien des communes rurales, il n'existe pas encore *un seul* chemin carrossable, et cependant leurs habitants s'épuisent pour qu'on puisse loger les préfets dans des palais qui coûtent *des millions!* *Périgueux* veut faire rougir *Bordeaux; Vannes* veut humilier *Nantes*; *Guéret, Mende, Mont-de-Marsan* et beaucoup d'autres métropoles de cette importance vont se piquer d'honneur : leurs habitants jouiront de la fête, mais les *ruraux* paieront les violons. Quant à *Reims, Boulogne, Libourne, Vienne, Dôle, le Havre,* etc., ces villes devront s'estimer heureuses de partager avec *Bordères, Montagrier* et *Carquefou* l'honneur de porter le titre de chef-lieu de canton (1).

Ce qui rend les impôts écrasants et ruineux.

Ce qui rend les impôts *écrasants* et *ruineux*, ce n'est pas tant *l'élévation* des charges que *l'inégale* répartition des avantages. Dans l'état de

(1) Ce sont des chef-lieux de canton des départements des Hautes-Pyrénées, de la Dordogne et de la Loire-Inférieure; Montagrier est une bourgade de *huit* à *dix* feux; Bordères et Carquefou sont *un peu plus* importants.

choses actuel, Paris absorbe la meilleure part des ressources générales de la France, et les chefs-lieux de préfecture les trois quarts des ressources particulières des départements. Paris et les chefs-lieux ont intérêt à ce que les impôts soient *le plus élevés possible*, puisque la part contributive de leurs habitants rentre dans leur bourse grossie de la plus grande partie de celle des contribuables des autres parties du pays; Paris et ses environs, les chefs-lieux de départements et leurs banlieues s'enrichissent constamment, tandis que la province en général, et, en particulier, les contrées éloignées des chefs-lieux préfectoraux, s'appauvrissent et s'épuisent sans cesse.

On ne peut remédier à un état de choses aussi peu équitable qu'en dépensant *moins* à Paris, *un peu plus* dans les grandes villes de province, et en répartissant *également* les dépenses entre les centres secondaires, par l'abolition du privilége dont jouissent quelques-uns d'entre eux.

Ainsi, on arrive toujours à la même conclusion : suppression des départements, création de grandes divisions territoriales, et maintien, en principe, de l'arrondissement.

Mais si on applique, au contraire, les réformes centralisatrices d'une certaine école de décentralisateurs, le mal sera singulièrement aggravé.

La suppression des arrondissements ne produirait pas d'économies.

Il est douteux que la suppression des sous-préfectures et des tribunaux d'arrondissements produise de grandes *économies*.

Elle obligerait à augmenter le personnel des employés des préfectures, à créer de nouveaux bureaux, peut-être même de nouvelles divisions.

Quant aux tribunaux maintenus dans les chefs-lieux de départements, on les réorganiserait sur de plus larges bases. Le nombre total des juges serait sans doute moindre qu'à présent, mais on croirait devoir élever le chiffre de leurs honoraires.

Les charges qui pèseraient sur le contribuable seraient *aussi* lourdes que par le passé; seulement, tandis que les chefs-lieux des départements n'absorbent dans l'état actuel que *la meilleure* part des ressources du pays, après la suppression des sous-préfectures et des tribunaux d'arrondissements, ils les absorberaient *entièrement*. Est-ce là de la bonne décentralisation?

Non-seulement le chef-lieu et sa banlieue s'enrichiraient de *tout* l'argent arraché par *l'impôt* aux contribuables des autres parties du département, mais encore de celui que ces derniers y laisseraient chaque fois que des affaires administratives ou judiciaires les y appelleraient. Ainsi les ressources financières du département se centraliseraient rapidement dans une seule ville et en une seule sous-région. Supprimer l'arrondissement, ce serait rompre la digue salutaire qui lutte avec efficacité, quoique trop faiblement, contre le courant centralisateur qui se produit, dans chaque département, au profit du chef-lieu et de ses environs.

Il faudrait du moins que les inconvénients que je signale fussent compensés par des avantages *très-marqués*.

Lenteurs administratives.

On se plaint que les affaires du pays se font *mal* et *lentement*. Veut-on qu'elles se fassent *aussi bien* et *aussi vite* que possible? Ce résultat peut être facilement atteint : il suffit de donner des attributions *effectives* aux sous-préfets, et aux conseils d'arrondissements réorganisés sur de nouvelles bases. Que si au contraire on les supprime, tout ira *beaucoup plus mal, beaucoup plus lentement* encore que maintenant. L'atmosphère des bureaux préfectoraux se chargera d'un narcotique de plus en plus puissant, et les dossiers dormiront d'un sommeil de plus en plus éternel dans leurs cercueils de carton.

Nombre des procès.

« On plaidera beaucoup moins, dit-on, si les tribunaux sont moins nombreux. » Est-il d'abord bien prouvé qu'il y a plus de plaideurs dans les communes voisines du chef-lieu judiciaire que dans les communes plus éloignées? En tout cas, il serait souverainement fâcheux que l'honnête homme laborieux, effrayé par l'énormité des frais de poursuite, en fût réduit à se laisser voler par le coquin fainéant, à moins de se faire justice lui-même, système dont le moindre inconvénient serait de donner presque toujours tort à celui qui aurait raison.

Deux sortes de plaideurs.

Les plaideurs peuvent se classer en deux catégories : ceux qui sont réellement lésés, et plaident pour se faire rendre la justice qui leur est due ; ceux qui plaident pour plaider, et tâcher de ruiner le voisin, dussent-ils se ruiner eux-mêmes. Ces derniers seront enchantés que l'éloignement du tribunal et le surcroît de dépenses qu'il entraînera viennent seconder leurs haines implacables. Quant aux premiers, il serait à désirer, selon une belle parole prononcée à Montignac dans une séance des États de Périgord, que la justice pût leur être rendue jusque dans leur propre maison. — « Arrêtez ! va-t-on s'écrier, ce vœu va se réaliser : on va étendre la compétence des juges de paix. » Soit ; en sorte que, tantôt vous voulez *diminuer* le nombre des tribunaux pour qu'on ne puisse plus plaider, et tantôt vous voulez, au contraire, les *multiplier*, pour qu'on puisse plaider plus facilement. Maintenez tout simplement, en y apportant quelques modifications nécessaires, l'état de choses actuel, et vous serez dans le vrai. — Si vous augmentez les attributions des juges de paix, il vous faudra augmenter aussi

Encore les juges de paix.

leur traitement, leur donner un *assesseur* payé : que deviendront les *économies* que vous vous promettez de la suppression des tribunaux d'arrondissements ? On sait que chacun d'eux n'entraîne pas, pour l'État, une dépense annuelle de plus de 20,000 francs, et ne comprend pas moins de *huit* cantons, en moyenne, dans son ressort. — D'autre part, les juges de paix n'offriront pas aux parties, dans les affaires d'une certaine gravité, les *garanties* que leur assurent les tribunaux.

Droit et faveur.

La division par départements, en exagérant l'importance de certains centres secondaires, en amoindrissant au contraire celle des autres, a eu pour effet de faire considérer comme un *droit* ce qui n'est que *pure faveur*, et comme *faveur* ce qui est réellement un *droit*. Ainsi, les chefs-lieux de départements ont été dotés de tous les avantages possibles : ils y avaient droit, personne ne pouvait y trouver à redire. D'autres villes plus importantes ont été complétement oubliées : ce n'est que justice, attendu que dans un pays où le principe D'ÉGALITÉ est la base des institutions, nul ne saurait prétendre à une faveur. Cette fausse appréciation des rapports a singulièrement facilité le succès des entreprises du *favoritisme*, personne ne sachant où finissait le droit, où commençait la faveur. Elle a surtout exercé sur l'établissement du deuxième réseau des chemins de fer une influence funeste : beaucoup de voies ferrées ont pu être *déviées* de leur direction naturelle au profit d'un intérêt privé sans exciter ni murmure, ni même surprise ; et cependant on laissait consommer ainsi, peut-être pour toujours, la ruine de certaines contrées ! On peut rectifier des routes, en construire de nouvelles ; mais donner une fausse direction à une voie ferrée, c'est commettre une faute à peu près *irréparable :* s'il s'est trouvé des hommes pour provoquer cette faute dans un intérêt personnel, ces hommes sont bien coupables : ils ont indignement abusé de leur pouvoir, et méritent une éternelle réprobation.

Voies ferrées déviées.

Il y a en France un assez grand nombre de sous-régions traversées par des voies ferrées qui en évitent le centre commercial, sans qu'on puisse justifier par des raisons de *force majeure* un état de choses aussi funeste : ces sous-régions comme sont devenues autant d'organismes monstrueux dont les artères n'aboutissent pas au cœur, et les voies ferrées qui les traversent, au lieu d'y répandre la fécondité et la vie, y ont introduit un germe de destruction et de mort.

Puisqu'on a pu négliger ainsi bien des centres secondaires, même revêtus du titre de chefs-lieux d'arrondissement, combien sera profond, lorsqu'ils seront dépouillés de ce titre, l'oubli dans lequel on les laissera ! Or, n'oublions pas que leur ruine entraînera fatalement, nécessairement, celle des sous-régions dont ils sont les centres d'affaires.

VII

RÉSUMÉ GÉNÉRAL.

Les hommes isolés seraient impuissants : le besoin d'unir leurs efforts les a forcés à se grouper par *communes*.

Les transactions directes entre les particuliers, ont donné naissance à la *sous-région ;* les transactions entre les diverses contrées à la *région*.

La commune, la sous-région et la région sont donc trois divisions naturelles ; elles sont l'expression de trois intérêts *collectifs* d'ordres divers, parfaitement tranchés, nettement définis.

Ce sont avant tout des *divisions économiques ;* il importe de leur conserver ce caractère essentiel.

L'*État* n'a pas le droit de les *fractionner* ni de les *grouper arbitrairement* dans un *intérêt politique*: il doit respecter leur *autonomie commerciale*.

Elles doivent respecter la *souveraineté politique de l'État*.

Le fonctionnaire placé à leur tête par le pouvoir central doit être un *administrateur*, et non pas un *agent politique*.

Leurs *assemblées élues* ont la mission de diriger et de contrôler la *gestion de l'administrateur local*; il ne leur appartient pas de s'immiscer dans les *affaires concernant la nation entière*.

S'inspirant d'autres idées, et sous l'empire de préoccupations exclusives, l'Assemblée nationale créa, en 1790, une division *purement politique, essentiellement centralisatrice*.

Elle ne se proposait pas pour but la *centralisation commerciale* du pays, mais celle-ci est la conséquence nécessaire de la *centralisation administrative*.

Deux causes matérielles, économiques, concourent à produire fatalement ce résultat:

« 1° L'abondance ou la rareté du numéraire sur un point donné y active ou y ralentit les transactions commerciales. » — C'est évident.

Or, l'impôt met à la disposition de l'État des ressources énormes. Si ces ressources, au lieu d'être réparties entre tous les centres de même ordre, se dépensent presque entièrement dans quelques villes privilégiées, celles-ci s'enrichiront, les autres s'appauvriront sans cesse; le commerce deviendra chaque jour, ici plus florissant, là plus languissant.

« 2° L'élévation de quelques centres commerciaux à un rang hiérarchique refusé aux autres de même ordre, y détermine une affluence de personnes appelées par des affaires administratives ou judiciaires, source féconde de profits dérivée d'autres versants commerciaux. »

Il en résulte qu'un pays est nécessairement *centralisé,* lorsque les divisions administratives ne *coïncident* pas avec les divisions commerciales; qu'un pays est *décentralisé,* dans le cas contraire.

Dans un pays décentralisé, la *répartition des avantages* entre les diverses régions et sous-régions est réglée sur la *répartition des charges.*

Dans un pays centralisé, cette *répartition équitable est impossible:* tous contribuent également aux charges, quelques-uns seulement participent aux avantages.

L'action des deux causes matérielles que je viens de signaler est puissamment corroborée par une cause toute morale :

« Si, parmi plusieurs centres de même ordre, quelques-uns sont investis d'un privilége administratif, les rapports naturels sont altérés; l'importance de quelques villes est exagérée, celle des autres amoindrie d'autant; cet état de choses provoque de fausses appréciations, qui permettent à la *faveur* de se parer du masque du droit, et exposent le *droit* à être confondu avec la faveur et flétri comme tel. »

Il est si vrai que le rang hiérarchique conféré à une ville doit correspondre à son importance réelle, que beaucoup de Français, beaucoup plus qu'on ne le supposerait, croient naïvement que tous nos chefs-lieux sont de puissantes et fières cités. Si celui de leur propre département ou d'un département voisin est une petite localité, ils se l'expliquent aisément par la raison fort simple qu'il n'y a pas de règle sans exceptions.

La *centralisation* est un principe destructeur non-seulement de la *liberté*, mais aussi et surtout de la *prospérité générale* d'un pays.

Le *département* français étant un *moyen terme* entre la *région* et la *sous-région*, nos chefs-lieux tendent à la fois à se *substituer aux grands centres* et à *absorber les autres centres secondaires*. Trop nombreux pour acquérir une grande puissance commerciale, ils ne peuvent que *désagréger* les grands centres et les rendre impuissants à lutter contre *l'action absorbante* de la capitale. Trop éloignés les uns des autres pour être *à portée* de tous les producteurs et consommateurs, ils *affaiblissent* les autres centres secondaires sans pouvoir les *remplacer efficacement.*

Les *réformes* de quelque importance proposées par les *décentralisateurs* d'une certaine école *aggraveraient* et *rendraient incurable* le mal même qu'ils se proposent de guérir.

La division administrative par *arrondissements* correspond assez exactement à la division naturelle par sous-régions : *supprimer les sous-préfectures,* ce serait donc rompre la digue salutaire opposée au *courant centralisateur* qui se produit, dans chaque département, *au profit du chef-lieu :* une semblable mesure précipiterait rapidement *les trois quarts du pays* vers une ruine complète.

L'organisation effective du *canton* hâterait singulièrement ce résultat funeste : terme moyen entre la *sous-région* et la *commune,* le canton tendrait *à dissoudre l'une* et à *absorber l'autre.* Trop nombreux pour se *substituer efficacement* aux centres secondaires, les chefs-lieux de canton ne pourraient *qu'affaiblir* ces derniers, et faciliter leur *absorption* par les chefs-lieux de départements.

VIII

PROVINCES ET ARRONDISSEMENTS.

Division administrative rationnelle.

« Diviser un territoire quelconque d'une manière rationnelle, c'est former de chaque région commerciale une division administrative, de chaque sous-région une subdivision. »

La tâche du législateur jaloux de faire une œuvre durable et de mettre les institutions en harmonie avec l'ordre naturel, ne consiste pas à tracer *au hasard* des divisions *arbitraires*, et à installer ensuite l'administration locale dans des villes, n'ayant d'autre titre que de se trouver *fortuitement* placées à peu près au centre de circonscriptions auxquelles le *caprice* d'un moment aura donné naissance.

Détermination des Régions et des centres principaux.

Le premier soin du législateur doit être de déterminer exactement le *nombre des régions*, ou, ce qui revient au même, celui des *centres principaux*.

Dans cette recherche, le *chiffre de la population* des villes lui offrira un élément d'appréciation sérieux, mais non pas exclusif; les centres

Population des villes. — Importance absolue. — Importance relative.

principaux se reconnaissent moins à leur *importance absolue* qu'à leur *importance relative*. Il est évident que l'opulente métropole d'une riche contrée est plus peuplée que le centre d'affaires d'une région pauvre.

« Pour qu'une ville soit un *centre principal*, il faut et il suffit (qu'on me permette la précision du langage scientifique), que son importance ait un caractère régional. »

Quelque grande que soit une cité, si son développement ne s'est pas produit sous l'empire des besoins économiques du pays, mais seulement sous l'influence de causes accidentelles, fortuites ou exceptionnelles, cette cité n'est pas un centre principal.

De même, un centre principal peut très-bien ne pas être une très-grande cité.

Brest, *Cherbourg*, *Toulon*, *Saint-Étienne*, *Nice*, sont de fort grandes villes, mais devant leur développement, les trois premières à la marine militaire, la quatrième à ses gisements de houille et de minerais, la cinquième à la douceur de son climat qui y attire d'opulents étrangers, aucune d'elles n'est un centre principal.

Au contraire, les villes de *Tours*, *Clermont*, *Bourges*, etc., quoique moins grandes que les précédentes, sont des centres principaux, parce qu'elles ne doivent leur développement *relatif* qu'aux nécessités commerciales de la région à laquelle elles appartiennent.

Centres régionaux de France.

Le *Havre* n'est qu'un dédoublement de *Rouen;* son accroissement n'a eu d'autre cause que l'impossibilité de faire remonter jusqu'à cette dernière ville les navires d'un fort tonnage.

Ainsi voyons-nous se former, sous l'influence d'une cause identique, une nouvelle ville, *Saint-Nazaire*, au-dessous de *Nantes*, à l'embouchure de la Loire. *Roubaix* et *Tourcoing* ne sont que des faubourgs de l'antique capitale de la Flandres.

Je crois qu'on peut fixer à 25 le nombre des villes remplissant, en France, la condition nécessaire et suffisante ci-dessus exprimée :

Lille, Amiens, Rouen, Reims, Troyes, Nancy, Paris, Orléans, Tours, Caen, Rennes, Nantes, Angers, Poitiers, Limoges, Bourges, Dijon, Besançon, Lyon, Clermont, Bordeaux, Toulouse, Montpellier, Nîmes, Marseille.

Il y aurait donc en France 25 régions commerciales, devant former chacune une *province*, grande division *administrative*, mais non pas *politique*.

Détermination des sous-régions et des centres secondaires.

Pour fixer les limites naturelles des *régions* ou *provinces*, il reste à déterminer le nombre des *sous-régions* ou *arrondissements* dont chacune d'elles se compose ; ou, ce qui revient au même, le nombre des centres secondaires qui gravitent autour de chaque centre principal : dans la détermination des centres secondaires, on s'inspirera du même esprit qui a présidé à celle des centres principaux.

Délimitation des arrondissements.

Enfin, on délimitera les *sous-régions* ou *arrondissements* en prenant pour points de repère les petites villes et les gros bourgs compris dans la sphère du *rayonnement* commercial de chaque centre secondaire.

Si j'ai cru pouvoir dresser, avec assurance, la liste des centres régionaux de France, j'éprouve quelque hésitation pour établir celle des centres sous-régionaux : d'indispensables éléments d'appréciation me faisant défaut, je puis commettre des erreurs. Cependant, comme je trouve qu'il serait trop commode d'étaler de belles théories sans toucher le terrain pratique, je vais me risquer à tracer, par région, le cadre d'une organisation rationnelle. Mais, je le répète, je puis me méprendre sur les affinités commerciales ou sur l'importance réelle de quelques villes.

Je donnerai aux *régions* ou *provinces* des noms empruntés aux conditions géographiques dans lesquelles elles se trouvent placées : ce n'est, du reste, qu'un point secondaire, à mon avis.

Chaque *sous-région* ou *arrondissement* portera le nom de son centre d'affaires.

I. — Province du *Nord*, capitale *Lille*. — Arrondissements : Lille, Maubeuge, Cambraì, Dunkerque, Douai, Hazebrouck, Valenciennes, Boulogne, Arras, Béthune, Montreuil, Saint-Omer.

II. — Province de la *Somme*, cap. *Amiens*.— Arrondissements : Amiens, Abbeville, Doullens, Montdidier, Péronne, Beauvais, Clermont, Compiègne, Chauny, Saint-Quentin.

III. — Province de la *Seine-Inférieure*, cap. *Rouen*. — Arrondissements : Rouen, leHavre, Dieppe, Neufchâtel, Yvetot, Evreux, les Andelys, Bernay, Louviers, Pont-Audemer.

IV. — Province des *Ardennes*, cap. *Reims*. — Arrondissements : Reims, Guise, Laon, Soissons, Château-Thierry, Epernay, Châlons, Sainte-Menehould, Mézières, Charleville, Rethel, Sedan.

V.—Province d'*Yonne-et-Aube*, cap. *Troyes*. Arrondissements : Troyes, Auxerre, Tonnerre, Sens, Joigny, Nogent-sur-Seine, Bar-sur-Aube, Vitry-le-Français, Saint-Dizier, Chaumont.

VI. — Province du *Nord-Est*, cap. *Nancy*. Arrondissements : Nancy, Epinal, Mirecourt, Remiremont, Saint-Dié, Lunéville, Toul, Pont-à-Mousson, Bar-le-Duc, Verdun.

VII. — Province de *Seine-et-Marne*, cap. *Paris*. — Arrondissements : Paris, Versailles, Corbeil, Étampes, Mantes, Pontoise, Rambouillet, Dreux, Melun, Coulommiers, Fontainebleau, Meaux, Provins.

VIII. — Province de la *Loire*, cap. *Orléans*. —Arrondissements : Orléans, Chartres, Nogent-le-Rotrou, Châteaudun, Gien, Montargis, Pithiviers, Romorantin.

IX. — Province du *Nord-Ouest*, cap. *Caen*. —Arrondissements : Caen, Cherbourg, Coutances, Granville, Avranches, Flers, Argentan, Alençon, Laigle, Bayeux, Lisieux, Falaise, Vire.

X. — Province d'*Indre-et-Loire*, cap. *Tours*. Arrondissements : Tours, Chinon, Loches, Saint-Calais, Vendôme, Blois.

XI. —Province du *Finistère*, cap. *Rennes*. — Arrondissements : Rennes, Brest, Morlaix, Châteaulin, Saint-Brieuc, Dinan, Guingamp, Lannion, Loudéac, Saint-Malo, Fougères, Vitré, Pontivy, Poërmel.

XII. — Province de *l'Ouest*, cap. *Nantes*. — Arrondissements : Nantes, Lorient, Vannes, Redon, Saint-Nazaire, Châteaubriant, Ancenis, La Roche-sur-Yon, Fontenay, les Sables-d'Olonne, La Rochelle, Rochefort.

XIII. — Province de *Maine-et-Loire*, cap. *Angers*. —Arrondissements : Angers, Mamers, le Mans, La Flèche, Mayenne, Laval, Château-Gonthier, Saumur, Cholet, Bressuire.

XIV.—Province de *Vienne-et-Charente*, cap. *Poitiers*. —Arrondissements : Poitiers, Parthenay, Loudun, Niort, Saint-Jean-d'Angély, Saintes, Cognac, Barbezieux, Angoulême, Ruffec, Montmorillon, Châtellerault, le Blanc.

XV.—Province de *Vienne-et-Dordogne,* cap. *Limoges*, Arrondissements : Limoges, Nontron, Saint-Junien, Bellac, Guéret, Aubusson, Tulle, Brives, Ussel, Saint-Yrieix.

XVI. — Province du *Centre,* cap. *Bourges.* —Arrondissements : Bourges, La Châtre, Châteauroux, Issoudun, Sancerre, Saint-Amand, Moulins, Nevers, Cosne.

XVII. — Province de la *Côte-d'Or,* cap. *Dijon.*— Arrondissements : Dijon, Avallon, Semur, Châtillon-sur-Seine, Beaune, Langres, Autun, Châlons-sur-Saône, Louhans, Château-Chinon, Clamecy.

XVIII. — Province de *l'Est*, cap. *Besançon.* Arrondissements : Besançon, Saint-Claude, Lons-le-Saulnier, Dôle, Salins, Pontarlier, Montbéliard, Belfort, Vesoul, Gray.

XIX. — Province du *Rhône,* cap. *Lyon.* — Arrondissements : Lyon, Charolles, Macon, Bourg, Nantua, Belley, Villefranche, Tarare, Roanne, Montbrison, Saint-Etienne, Yssingeaux, Annonay, Romans, Valence, Die, Grenoble, Vienne, Bourgoin, Chambéry, Albertville, Moutiers, Saint-Jean-de-Maurienne, Annecy, Bonneville, Thonon.

XX.—Province du *Puy-de-Dôme,* cap. *Cler-*

mont-Ferrand. — Arrondissements : Clermont, Montluçon, Gannat, Cusset, Le Puy, Brioude, Mauriac, Saint-Flour, Aurillac, Ambert, Issoire, Riom, Thiers.

XXI. — Province du *Sud-Ouest*, cap. *Bordeaux.*—Arrondissements : Bordeaux, Libourne, La Réole, Bazas, Blaye, Ribérac, Périgueux, Sarlat, Gourdon, Bergerac, Villeneuve, Agen, Marmande, Nérac, Condom, Aire-sur-l'Adour, Mont-de-Marsan, Dax, Pau, Bayonne, Oloron, Orthez.

XXII. —Province de la *Garonne*, cap. *Toulouse.* — Arrondissements : Toulouse, Lourdes, Tarbes, Bagnères, Saint-Gaudens, Muret, Auch, Lectoure, l'Isle-en-Jourdain, Castelsarrazin, Moissac, Montauban, Cahors, Figeac, Villefranche-de-Rouergue, Alby, Castres, Gaillac, Lavaur, Castelnaudary, Foix, Pamiers, Saint-Girons.

XXIII. — Province du *Midi*, cap. *Montpellier.*—Arrondissements : Montpellier, Espalion, Millau, Rodez, Saint-Affrique, Narbonne, Perpignan, Prades, Limoux, Carcassonne, Béziers, Lodève, Saint-Pons.

XXIV.—Province des *Cévennes,* cap. *Nismes.* — Arrondissements : Nisme, Privas, Aubenas, Marvejols, Mende, Alais, Uzès, le Vigan.

XXV.—Province du *Sud-Est*, cap. *Marseille.* — Arrondissements : Marseille, Aix, Arles,

Avignon, Apt, Carpentras, Orange, Manosque, Digne, Sisteron, Brignolles, Toulon, Draguignan, Grasse, Nice, Montélimart, Gap, Briançon, Embrun.

Quant à la *Corse,* elle pourrait, ou bien être rattachée à la 25e région, ou bien former une division à part.

Il se peut que ma division ne soit pas irréprochable; mais le *principe* sur lequel elle repose est abolument inattaquable.

Détails d'organisation pratique.

Qu'on me permette d'entrer dans quelques détails d'organisation pratique.

La *commune* serait, comme aujourd'hui, administrée par un *maire*, contrôlé par un *conseil municipal.*

L'*Arrondissement* serait administré par un *sous-préfet*, la *province* par un *préfet*, contrôlés le premier par un *conseil d'arrondissement*, le second par un *conseil provincial.* Ces magistrats et ces assemblées seraient revêtus d'attributions en harmonie avec la nature et l'importance de *l'intérêt collectif* dont la gestion leur serait confiée.

En ce qui concerne, par exemple, les *voies de communication*, le conseil municipal aurait la mission de créer et d'entretenir les voies nécessaires pour les déplacements et les transports auxquels donne lieu le travail quotidien, et pour les relations entre voisins ; à lui incomberait également le soin de relier, par des chemins *vicinaux*, entre elles, et avec le chef-lieu, les diverses agglomérations formant une même commune.

Le conseil d'arrondissement relierait les petites villes et les gros bourgs entre eux et avec le centre commun par des chemins de *moyenne* et de *grande communication.*

Le conseil provincial relierait les centres secondaires entre eux et avec le centre principal au moyen de *routes* et de *chemins de fer d'intérêt local.*

Enfin, le soin de relier, par de *grandes voies*, les centres principaux entre eux et avec la capitale du pays resterait dans les attributions de l'Assemblée Nationale.

On voit qu'il serait facile de définir avec précision et clarté les attributions respectives des diverses assemblées.

Chacune d'elles aurait la gestion d'un budget spécial.

Rapports entre les diverses assemblées.

Jusqu'ici, il ne s'est établi, entre nos diverses assemblées, aucune *relation directe* : elles se sont en quelque sorte isolées les unes des autres. N'y aurait-il pas, cependant, avantage à ce que chaque conseil municipal, d'arrondissement ou provincial pût se faire représenter par une délégation auprès du conseil d'arrondissement, du conseil provincial ou de l'Assemblée Nationale, lorsqu'il s'y traiterait une question intéressant spécialement une commune, une sous-région ou une région ? Ainsi, semble-t-il, on dissiperait les obscurités et les doutes, on préviendrait les surprises et les erreurs, on mettrait un frein à l'arbitraire, on ôterait tout prétexte sérieux aux plaintes et aux récriminations, enfin, on fortifierait l'unité nationale plus sûrement que par la dislocation de la province et la dissolution du pays.

Les membres des conseils d'arrondissements et provinciaux, pouvant remplir *efficacement* une mission *nettement définie*, la prendraient plus au sérieux que ne peuvent le faire les conseillers départementaux, revêtus d'attributions confuses et complexes ; ils se formeraient à la pratique des affaires publiques. Dans les conseils provinciaux, les hauts problèmes économiques pourraient être abordés, les décisions à prendre par la chambre en matière commerciale, préparées, élaborées. Sur ce théâtre digne d'attirer l'attention du pays, les talents se révèleraient et se produiraient au grand jour ; les choix pour la représentation nationale cesseraient d'être aveugles et seraient désormais basés sur une appréciation exacte des mérites des candidats.

Elections. Les *élections* pourraient avoir lieu au *scrutin de liste* et par *canton* pour le conseil d'arrondissement, par *arrondissement* pour le conseil provincial. Pour que tous les intérêts fussent représentés, le nombre des conseillers à élire serait de *trois au moins* par canton et par arrondissement. Enfin, chaque arrondissement enverrait *un représentant* à l'Assemblée Nationale : ceux dont la population dépasserait un chiffre déterminé en nommeraient deux ou même plusieurs.

Directeurs et sous-Directeurs.

A la tête des divers services administratifs, on placerait un *directeur* par province, un *sous-directeur* par arrondissement.

Cours d'appel, Tribunaux.

Dans l'ordre judiciaire, chaque province formerait le ressort d'une *cour d'appel*, chaque arrondissement le ressort d'un tribunal de première instance.

Receveurs généraux.

Les *receveurs généraux* seraient supprimés : chaque receveur d'arrondissement verserait directement au Trésor le produit de l'impôt.

Académies.

Chaque province formerait dans l'ordre universitaire le ressort d'une *Académie* avec Facultés des lettres, des sciences, de droit, et école de médecine. Il y aurait dans chaque arrondissement un *collége universitaire* où les classes supérieures seraient professées par des licenciés. A quoi bon, dans les lycées, tout ce luxe de savants, de professeurs suppléants ? Est-il donc nécessaire d'être membre de l'Académie pour ensei-

Colléges universitaires.

gner les déclinaisons aux enfants de huit ans des chefs-lieux de départements, ou même pour les surveiller pendant les études? Le savoir est un capital précieux qu'il ne faut pas dépenser en pure perte.

Divisions militaires, légions de gendarmerie

Enfin, chaque capitale de province deviendrait la résidence d'un *général de division* et d'un *chef de légion de gendarmerie*.

Dans chaque sous-préfecture résiderait un *commandant* de la force armée de l'arrondissement.

Le nombre des cours d'appel, des académies, des divisions militaires et des légions de gendarmerie ne différerait pas sensiblement de celui d'aujourd'hui; il serait simplement régularisé, et mis en harmonie avec celui des grandes divisions administratives.

On voit combien tout se simplifierait, avec quelle facilité tous les rouages s'adapteraient au cadre que j'ai tracé.

Objections.

On ne manquera pas d'objecter que l'application des réformes que je propose compromettrait *l'unité* nationale. Pour moi, je suis profondément convaincu que rien ne la compromet plus que le maintien du département: un état de choses ne peut être durable qu'autant que tout le monde s'en trouve également bien : prétendre que l'unité nationale est étroitement liée à une situation funeste au plus grand nombre, c'est lui faire courir les plus sérieux dangers.

Les moyens violents ne réussissent jamais qu'à perdre la cause même qu'ils ont pour but de faire triompher : l'Assemblée Nationale de 1790, en brisant les régions, en groupant arbitrairement les sous-régions, employa un moyen violent.

On peut méconnaître les lois naturelles : elles reprennent toujours leur empire, en renversant tôt ou tard les barrières artificielles qu'on leur oppose. Ainsi, un gaz trop comprimé brise en éclats le vase dans lequel on prétendait le renfermer.

Un jour viendra où la province se lassera d'être le jouet d'une ville aussi despotique que capricieuse ; où elle s'indignera que, tandis qu'elle souffre de l'indigence, une somme dont pourraient vivre dix familles ne suffise pas pour payer à Paris quelques centimètres carrés de terrain. Un jour viendra où les populations des départements se lasseront de s'épuiser en efforts pour enrichir les chefs-lieux et leurs banlieues, dont l'opulence toujours croissante insultera à leur misère de plus en plus profonde. Ce jour-là, la haine débordera de tous les cœurs ; une tempête terrible se déchaînera sur la France, et l'unité nationale, rendue à tort responsable des maux du pays, périra dans la tourmente.

Fédéralisme. Déjà se manifestent des symptômes alarmants :

des réformateurs, portant sur le terrain politique une question qui ne devrait pas sortir du domaine économique, proposent d'organiser la France en *République fédérale*, sur le modèle de la *Suisse* ou des *États-Unis d'Amérique*. Chose étrange! dans leurs projets, dont la réalisation briserait l'unité politique du pays, ils maintiennent le département, cause véritable de la centralisation administrative et commerciale, source réelle des maux auxquels ils voudraient remédier. On voit donc que le département n'embarrasse en aucune façon les partisans du *fédéralisme*, et que son maintien ne sauvegarde nullement *l'unité* du pays.

Grandeur plusieurs fois séculaire de la France.

Mais peut-on craindre sérieusement que le faisceau national soit rompu par l'adoption de sages mesures de décentralisation? La puissante unité de la France ne s'est-elle donc révélée au monde que depuis l'année 1790? Saint Louis, Charles V, Henri IV n'ont-ils pas fait briller le nom français du plus vif et du plus pur éclat? Duguesclin, Jeanne d'Arc, Bayard, et tant d'autres grands capitaines ou preux chevaliers n'ont-ils pas montré un patriotisme qui pourra servir de modèle aux Français de tous les siècles à venir? Louis XIV n'a-t-il pas dicté des lois à l'Europe coalisée? Enfin, nos aïeux, plus valeureux que nous le sommes aujourd'hui, n'ont-ils pas, il y a déjà plusieurs siècles, purgé le sol sacré de la patrie de l'invasion étrangère ?

Il est une nation en Europe dont la puissante organisation vient de se révéler à nous d'une manière bien terrible : eh ! bien, la *Prusse* est divisée en grandes provinces : le grand-duché de *Posen*, qui en forme la partie *polonaise*, a conservé son autonomie ; le *Schleswig-Holstein*, le *Hanovre*, le grand-duché de *Hesse-Cassel*, récemment annexés, n'ont pas perdu la leur.

L'*Ecosse* et l'*Irlande*, qui forment, avec l'*Angleterre*, le *Royaume-Uni*, ont chacune une capitale et une administration particulières.

Les proverbes sont, dit-on, la sagesse des nations : la sagesse des nations vient de Dieu, et rien de ce qui vient de Dieu ne saurait être trivial.

Je me permettrai donc de dire, en terminant, aux décentralisateurs d'une certaine école : « Ne faites pas passer la charrue avant les bœufs. Vous voulez supprimer l'arrondissement parce qu'il cadre mal avec le département, mais si c'est justement le département qui n'a pas de raison d'être, n'allez-vous pas commettre une faute irréparable ? Ne cherchez pas *à priori* des combinaisons administratives auxquelles vous adapterez ensuite la répartition du territoire ; commencez, au contraire, par déterminer les divisions vraies et naturelles, et vous pourrez ensuite faire reposer les institutions sur une base inébranlable. Ah! prenez garde! Il y va du salut de notre chère patrie, de notre France bien-aimée! »

Je sais trop combien mon œuvre est imparfaite pour oser la placer sous un haut patronage. Qu'il me soit cependant permis d'exprimer ici ma profonde gratitude pour les encouragements bienveillants dont on a bien voulu m'honorer.

La reconnaissance me fait également un devoir de prier M. Civrac d'agréer mes remercîments pour ses judicieux conseils, je puis presque dire pour son affectueuse collaboration.

ALEXIS DE LA SERRE.

P.-S. — Le terrible dénouement du drame sanglant dont la capitale vient d'être le théâtre n'enlève rien de son opportunité, bien au contraire, à ce travail, livré à l'impression alors que Paris était encore au pouvoir de l'insurrection.

1057 — Nantes, Imp. Jules Grinsard, Succr. de M. Charpentier.

www.ingramcontent.com/pod-product-compliance
Ingram Content Group UK Ltd.
Pitfield, Milton Keynes, MK11 3LW, UK
UKHW031928260826
14628UKWH00003B/1481

9 782011 787774